Joias Espirituais da Sabedoria Oriental

RICHARD A. SINGER JR.

Joias Espirituais da Sabedoria Oriental

111 Meditações para Iluminar sua Alma no Dia a Dia

Tradução:
DANIEL EITI MISSATO CIPOLLA

**Editora
Pensamento**
SÃO PAULO

Título do original: *Eastern Wisdom for Your Soul*.
Copyright © 2008 Richard A. Singer Jr.
Tradução autorizada pela Dreamriver Press LLC. Edition.
Publicado mediante acordo com a Agencia Eulama International.
Copyright da edição brasileira © 2013 Editora Pensamento-Cultrix Ltda.

Texto de acordo com as novas regras ortográficas da língua portuguesa.

1ª edição 2013.

Todos os direitos reservados. Nenhuma parte desta obra pode ser reproduzida ou usada de qualquer forma ou por qualquer meio, eletrônico ou mecânico, inclusive fotocópias, gravações ou sistema de armazenamento em banco de dados, sem permissão por escrito, exceto nos casos de trechos curtos citados em resenhas críticas ou artigos de revistas.

A Editora Pensamento não se responsabiliza por eventuais mudanças ocorridas nos endereços convencionais ou eletrônicos citados neste livro.

Editor: Adilson Silva Ramachandra
Coordenação editorial: Denise de C. Rocha Delela e Roseli de S. Ferraz
Preparação de originais: Roseli de S. Ferraz
Produção editorial: Indiara Faria Kayo
Assistente de produção: Estela A. Minas
Editoração Eletrônica: Join Bureau
Revisores: Claudete Agua de Melo e Vivian Miwa Matsushita

Dados Internacionais de Catalogação na Publicação (CIP)
(Câmara Brasileira do Livro, SP, Brasil)

Singer, Richard A.
    Joias espirituais da sabedoria oriental : 111 meditações para iluminar sua alma no dia a dia / Richard A. Singer Jr.; tradução Daniel Eiti Missato Cipolla. – São Paulo: Pensamento, 2013.

    Título original: Eastern wisdom for the soul

    ISBN 978-85-315-1820-1

    1. Espiritualidade 2. Filosofia oriental 3. Sabedoria 4. Meditações I. Título.

12-15519   CDD-291.4

Índices para catálogo sistemático:
1. Sabedoria oriental : Espiritualidade : Religiões   291.4

Direitos de tradução para o Brasil adquiridos com exclusividade pela
EDITORA PENSAMENTO-CULTRIX LTDA que se reserva a
propriedade literária desta tradução.
Rua Dr. Mário Vicente, 368 – 04270-000 – São Paulo – SP
Fone: (11) 2066-9000 – Fax: (11) 2066-9008
http://www.editorapensamento.com.br
atendimento@editorapensamento.com.br
Foi feito o depósito legal.

Dedico este livro
àqueles que buscam a verdade
e a consciência
em sua vida diária.

Por favor, nunca desistam
dessa preciosa jornada.

Sumário

9	Prefácio
	de Tom Butler-Bowdon
13	Introdução
17	Agradecimentos
19	A Organização do Livro
23	Atenção Plena
39	Verdade
53	Mudança
67	Ego / Ilusão
81	Nossa Verdadeira Natureza
95	Unidade / Unicidade
109	Simplicidade
125	Compaixão
139	Raiva e Ressentimento
155	Morte
171	Iluminação
191	Os 12 Passos Segundo a Sabedoria Oriental
197	Sugestões de Leitura para Exploração Adicional

Prefácio

Tenho o prazer de apresentá-lo ao livro de Richard sobre a sabedoria oriental, com suas citações sábias e maravilhosas, seus comentários e seus exercícios que sintetizam milênios de verdade espiritual. A repetição é a verdadeira fonte de poder no autodesenvolvimento, e sempre se lembrar dos bons e sábios pensamentos dos grandes líderes espirituais é uma excelente maneira de crescer na sabedoria e no poder pessoal.

Fiz minhas próprias pesquisas sobre as grandes tradições espirituais e fiquei pasmo com a semelhança entre os temas deste livro e tudo o que eu aprendi. Tais temas incluem:

O reconhecimento de uma ordem invisível

Você não precisa acreditar num "Deus" religioso para perceber que há uma ordem invisível na vida, da qual não se pode escapar. Podemos ou estar em sintonia com essa ordem ou resistir a ela e nos dar mal. Como diz o Velho Testamento em palavras simples: "Muitos são os planos do coração do homem, mas é a vontade de Deus que prevalece".

No taoismo essa ordem é chamada *Tao*. É a verdadeira natureza das coisas, a força que governa o universo. No hinduísmo, é chamada de karma e dharma. De qualquer maneira, uma vida vivida em desarmonia com a ordem invisível é uma vida cega, frustrante.

A percepção do propósito da vida

O grande psicólogo suíço Carl Jung disse que, quando uma pessoa nasce, ela é um ponto de interrogação. A resposta é dada pelo modo como ela vive. Se você acredita que somos "seres espirituais numa experiência humana", como disse Teilhard de Chardin, você também deve acreditar que fomos criados para um propósito.

Um elemento muito importante da prática espiritual é, portanto, a percepção do grande propósito de nossa vida, intuindo como podemos usar ao máximo nossos talentos e nossa personalidade para promover o conhecimento e o amor no mundo. Em vez de ser um ego que luta para obter o que deseja, cada pessoa pode se tornar um veículo que faz coisas boas acontecerem. Por sermos humanos, é claro que temos medo de perder o ego por uma causa maior, mas somente assim alcançaremos a paz verdadeira e nos tornaremos realmente poderosos.

Esquecendo o pequeno eu

Às vezes pensamos que a maior alegria da vida é satisfazer os prazeres da carne, mas ao fazer isso perdemos a satisfação ainda maior que poderíamos ter ao deixar para trás o esforço de agradar a nós mesmos.

O propósito do autodesenvolvimento é paradoxal. Ele nos permite ir além das preocupações do ego, além de nós mesmos.

Não fomos criados para nós mesmos, disse Al Ghazzali, o grande místico e intelectual muçulmano; fomos criados para Deus – logo, nosso maior prazer deve ser aumentar nosso conhecimento sobre o divino. Um dos frutos desse aumento de conhecimento é uma maior clareza sobre quem somos e qual o nosso propósito na vida.

Manter a mente no presente

Certa vez, um rei procurou em toda parte as respostas para estas três perguntas: Qual é o melhor momento para se fazer cada coisa? Quem são as pessoas mais importantes para se trabalhar ao lado? Qual a coisa mais importante para se fazer em todo momento? Quando encontrou as respostas, elas não eram bem o que ele esperava: o momento é agora, as pessoas mais importantes são aquelas que estão conosco e o melhor a fazer é fazer essas pessoas felizes.

Todos cometemos o erro de viver para um futuro imaginário em vez de aproveitar os tesouros do presente, mas realmente apreciar o "milagre da atenção plena" é coisa fácil de esquecer. Devemos ter em mente o que a personagem principal do clássico de Dan Millman, *O Caminho do Guerreiro Pacífico*,[*] aprendeu de seu mentor:

Não existem momentos comuns!

Perceber a unidade do universo

Nós, seres humanos, gostamos de perceber os opostos: o bem e o mal, elogios e críticas, a felicidade e a tristeza e assim por diante. Isso é chamado de "dualidade". Mas, como descobriram todos os

---

[*] Publicado pela Editora Pensamento, São Paulo, 1993.

grandes sábios e santos, a natureza do universo não é dual: tudo é Uno, tudo faz parte de uma única essência indivisível. O que é uma pessoa? Como mostrarão muitas das citações deste livro, na verdade somos fragmentos de consciência de uma Mente muito maior. Somos nós que conservamos a ilusão de sermos separados, mas por meio da meditação e de exercícios espirituais podemos nos livrar de nossa mente individual e voltar à Mente Universal. Ao fazer isso, encontramos a liberdade e a equanimidade supremas.

Gostaria de acrescentar mais uma citação à notável coleção de Richard. É um ditado persa que nos lembra da verdadeira fonte da sabedoria espiritual:

Veja a verdade na meditação, não em livros mofados.
Procure a lua no céu, não na lagoa.

O que dizem os outros é uma forma maravilhosa de olhar para a lagoa, mas devemos parar de observar os reflexos e voltar nosso olhar para o céu. Com a meditação podemos sentir, entender e nos harmonizar com a "ordem invisível" que guia o universo.

TOM BUTLER-BOWDON
Escritor

Introdução

Este livro foi escrito com um propósito: ajudar outros seres humanos a ter a paz e a tranquilidade que eu adquiri ao aplicar a sabedoria iluminada do Oriente em minha vida. Meu interesse pessoal e minha curiosidade pela sabedoria oriental surgiram quando comecei a me recuperar de um vício, há vários anos. O que me atraiu para o pensamento oriental foi a grande diferença entre ele e as religiões ocidentais que eu conhecia. A meu ver, a sabedoria oriental é muito mais um sistema de pensamento ou filosofia do que uma religião estruturada cheia de dogmas. O pensamento oriental é feito de diversas filosofias, entre as quais o hinduísmo, o budismo e o taoismo, e não comporta limites estritos, rigidez nem exclusividade. A sabedoria oriental oferece liberdade e é totalmente aberta em seu método.

Embora eu, pessoalmente, não pratique uma religião estruturada, me considero uma pessoa muito espiritualizada por ter integrado em minha vida muitos princípios das filosofias orientais. Entretanto, devo deixar claro desde o início que não me considero um guru, um sábio ou um mestre iluminado. Também não sou um especialista na história, na filosofia e nas religiões do Oriente, mas possuo certa educação formal na área do pensamento oriental, como também uma extensa educação informal por meio do estudo pessoal dessas filosofias. Esses conhecimentos acabaram se revelando extremamente úteis e esclarecedores com o passar dos anos. A sabedoria oriental contém verdades universais que possuem a capacidade de transformar cada ser humano que as pratica, e até mesmo a humanidade como um todo.

Em consequência, este livro não é baseado em nenhum sistema específico de pensamento e não foi feito para ser religioso em sua natureza. Em vez disso, é apenas uma compilação de diversos ensinamentos oferecidos a você como exemplos da poderosa e transformadora sabedoria oriental. Foi feito para uso prático e não é exaustivo em seu conteúdo. Muitos volumes são lidos e descartados pouco tempo depois. Não acredito que os livros sejam escritos para ter esse destino, então a obra que criei é prática – transbordante de sabedoria – e facilmente aplicável à vida diária. A sabedoria presente neste livro é eterna e deve ser aplicada por toda a sua vida. Se realmente a aplicar, você se desenvolverá e evoluirá muito mais do que pode imaginar. Não é necessário que você seja budista, taoista ou hindu para se beneficiar dessas filosofias. Os únicos requisitos são que você mantenha a mente aberta e que sinceramente contemple e interiorize as palavras deste livro.

Segue um ensinamento de Shunryu Suzuki Roshi, que aplico à minha vida diariamente.

Se sua mente é vazia, está sempre pronta para tudo;
está aberta para tudo. Na mente do iniciante
há muitas possibilidades;
na mente do experimentado há poucas.

Essa informação preciosa e sagrada é dada a você por um iniciante, e espero que também aprenda a começar de novo em todos os aspectos de sua vida.

R.A.S.

Agradecimentos

Agradeço aos grandes mestres em minha vida que me levaram a buscar a verdade e explorar os mistérios do Universo. Cada indivíduo com quem mantenho contato diariamente me oferece uma oportunidade de aprender algo significativo sobre a vida, desde que eu esteja aberto para captar a lição. Entretanto, os mestres aos quais me refiro são aqueles que indiretamente me forçaram a olhar para mim mesmo e aprender algumas das maiores lições da minha vida. Khalil Gibran expressou essas experiências de aprendizado de forma bem eloquente quando disse: "Aprendi o silêncio com os tagarelas, a tolerância com os intolerantes e a benevolência com os malévolos. Não serei ingrato a essas pessoas".

Então, agora expresso minha gratidão a esses grandes mestres na minha vida. Gostaria de mencionar alguns nomes: Nick Collangelo, Jim Dougherty, Leigh Fierman e Dominic Vangarelli. Além desses, Donald Potkins e Judith Seymour (sem a ajuda indireta deles, eu jamais teria escrito meu primeiro livro), e Graham Walker e Tyra Miller (sem a ajuda deles, eu não poderia ter ficado em casa e criado meus filhos durante seus primeiros meses de vida, nem teria tido o precioso tempo para escrever este livro). Obrigado. Espero que tenham aprendido comigo tanto quanto aprendi com vocês.

Além disso, não posso esquecer dos mentores que me ensinaram habilidades únicas e me deram sabedoria para usar em minha jornada. São eles: Michael Donahue, Dick Conaboy, Jim Debello e Rob Olinits.

Para finalizar, devo homenagear minha preciosa família, que me ama incondicionalmente e me ensina o valor da vida todos os dias. Eles também me apoiaram e me encorajaram infinitamente neste projeto, como em tudo o que decidi buscar. São eles minha mãe, meu pai, meu padrasto, minha irmã, minha avó, minha esposa e os mais novos no grupo, nossos gêmeos Matthew e Alexander, que em seu pouco tempo de vida me ensinaram mais do que eu jamais poderia imaginar. Não consigo expressar em palavras o que todos vocês significam para mim. Obrigado por me apoiarem, agora e sempre.

Não posso esquecer das duas mulheres maravilhosas que aperfeiçoaram minha escrita defeituosa. A edição e a preparação foram feitas por Sandra A. Willis e Helen Thomas. Obrigado por seus olhos atentos em busca da perfeição.

A Organização do Livro

Dividi as 111 meditações deste livro em 11 seções distintas; cada uma delas discute resumidamente um princípio específico e é complementada por dez meditações a serem aplicadas no caminho rumo à consciência e à paz. Meu objetivo é apresentar cada princípio a você sem o uso excessivo de jargões ou intelectualização, e delinear os passos práticos necessários para aplicar essa sabedoria à sua vida. Minha escrita é simples; vem direto do coração e da alma. Tento deixar de lado a intelectualização e os aspectos analíticos vindos do ego. Sinceramente acredito nas palavras de Huang-Po: "Aqueles que buscam a verdade por meio do intelecto e da erudição apenas se distanciam da mesma".

Cada página contém uma citação a se ponderar, uma pequena meditação a se contemplar, permitindo que ela penetre nas profundezas do seu ser, e a aplicação da meditação à vida real. Pode ser que você ache as meditações de cada seção repetitivas, mas acredito que a repetição é necessária para que você interiorize esses princípios transformadores e os implemente em sua vida. Finalmente, incluí uma criação minha, que traduz os populares 12 Passos da Recuperação em termos orientais.

Você pode ler este livro do começo ao fim e dizer: "Que informações maravilhosas"; ou pode mergulhar no poder transformador da sabedoria e começar a viver uma vida de paz, contentamento e bem-aventurança. Este livro é um instrumento para o crescimento, mas você é completamente responsável pelo que vier a absorver dele.

Agora venha e aproveite sua jornada pela sabedoria oriental.

Os ensinamentos dos ditos elegantes devem ser adquiridos sempre que possível. Nenhum preço é alto demais para a suprema dádiva das palavras de sabedoria.

SIDDHA NAGARJUNA

Atenção Plena

I

A ATENÇÃO PLENA é o segredo da vida. Uma vida vivida com atenção plena é uma vida cheia de paz, tranquilidade, felicidade, verdade, bem-aventurança, êxtase e compaixão. A atenção plena é a nossa ligação direta com o universo. É a solução que procurávamos fora de nós mesmos desde a aurora dos tempos. A prática da atenção plena existe há milhares de anos; entretanto, a maioria dos seres humanos descarta esse método de vida e em vez disso busca filosofias e estratégias mais complexas e intelectuais. Infelizmente, essa busca nunca termina. Existem muitas pessoas e textos por aí que complicam e superanalisam a atenção plena. Isso parece ser contraprodutivo, portanto este livro apresenta-a de maneira prática, de forma útil para qualquer interessado. A atenção plena deve ser um modo de viver simples mas profundo. Na verdade, a atenção plena é sinônimo de vida verdadeira.

A atenção plena é o tema da seção inicial deste livro porque ela forma uma base forte para tudo o que vem depois. Todas as informações presentes neste livro se relacionam diretamente com o conceito de atenção plena.

Nesse caso, o que é a atenção plena e como aplicá-la na sua vida? A atenção plena é uma forma de meditação, e a meditação pode ser simplesmente definida como consciência. Existem muitos tipos de meditação, mas para o propósito deste livro, enfocaremos principalmente a meditação de atenção plena, que envolve a participação direta em cada momento com a completa consciência da experiência presente. Nesse tipo de meditação, a vida existe somente *aqui e agora*. A atenção plena é um tipo de meditação que você pode fazer em cada momento precioso de sua vida. Não há a necessidade de fugir para um local isolado, já que você pode praticar a atenção plena em qualquer lugar e a qualquer momento, não importa o que esteja acontecendo à sua volta. É uma meditação que se vive.

Em vez de presenteá-lo com uma definição rígida do que é a atenção plena, você encontrará abaixo algumas definições curtas e concisas, vindas da sabedoria de diversos conhecedores e mestres da atenção plena.

Jon Kabat-Zinn, autor do *best-seller Wherever You Go There You Are* e criador da *Redução de Estresse por meio da Atenção Plena*, descreve a meditação de atenção plena como "prestar atenção de um modo particular, de propósito, no momento presente, sem julgá-lo".

Levey e Levey, no livro *Simple Meditation and Relaxation,* dizem: "A atenção plena nos liberta das memórias do passado e fantasias do futuro ao pôr claramente em foco a realidade do momento presente". Também afirmam que "a atenção plena nos deixa mais conscientes dos milagres do dia a dia".

Num dos antigos comentários budistas, afirma-se que a atenção plena é "presença de mente, concentração no presente".

Stephen Levine, o autor de *A Gradual Awakening*, diz que a atenção plena é uma "consciência de momento a momento do que quer que apareça, do que quer que exista".

A professora de meditação e escritora Sylvia Boorstein diz que atenção plena é ter "a aceitação atenta e equilibrada da experiência presente. Não é mais complicada que isso. É receber ou se abrir para o momento presente, agradável ou desagradável, do modo que é, sem se apegar a ele nem rejeitá-lo".

Essas definições usam diversas expressões e terminologias, mas o que todas elas têm em comum é a teoria de que estar atento significa estar completamente presente na vida. É estar a par do que está acontecendo dentro e fora de você em cada momento de sua existência. Simplesmente praticamos a consciência sem julgar, aceitando nossos pensamentos e emoções exatamente do modo que são.

Como você deve ter percebido, a atenção plena é um modo de vida simples, porém poderoso. É apenas estar *aqui e agora*: mergulhar completamente no momento presente e sentir sua vida por completo. É isso! É assim mesmo. Não há necessidade de superanalisar, intelectualizar ou complicar o ato de estar atento. Simplesmente *seja!* Embora existam explicações mais avançadas sobre este assunto nas leituras recomendadas no final do livro, o que foi descrito aqui é a pura e simples essência da atenção plena.

Agora que você começou sua jornada por meio deste livro, tente entrar completamente no presente. Mergulhe no oceano do

Agora e ganhe intimidade com o gozo do que está na sua frente. Como se diz na tradição Zen: "Quando comer, coma. Quando andar, ande". Quando ler este livro, é importante que você se sinta aberto e livre o suficiente para se tornar uno com as palavras, para sentir a presença dos mestres e acolher a sabedoria inestimável que está ao seu alcance.

Você Está Aqui e Agora?

Se não estiver, concentre-se no presente e sinta a alegria e o êxtase do momento eterno. Aproveite sua jornada!

Flua com o que quer que esteja acontecendo e liberte sua mente. Fique centrado, aceitando o que quer que você esteja fazendo. Isso é o supremo.

CHUANG TZU

Meditação

A atenção plena ao momento presente é a chave para a tranquilidade absoluta na vida. Saboreie o brilho e a beleza de cada momento à sua frente. É assim que você descobrirá o significado da sua vida. Viva agora e se torne íntimo com o presente. O que quer que você tente fazer da sua vida hoje, lembre-se de se concentrar nos sentimentos que daí vêm. Esteja consciente de cada detalhe das suas tarefas e saboreie suas experiências, quaisquer que sejam. É certo que você esbanjará excelência caso aplique toda a sua energia, paixão e vitalidade em cada tarefa, em cada momento da sua vida.

Aplicação na Vida Real

Comece a quebrar as correntes do ego e aceite o lugar onde você está e o que você está fazendo agora. Mergulhe no ritmo harmonioso e perfeito do Universo e você sentirá na pele a verdadeira essência da vida. Não resista ao lugar onde você está e ao que está acontecendo; simplesmente se renda à precisão do momento e acredite que você está exatamente onde deveria estar. A aceitação é a resposta definitiva a todas as dificuldades da sua vida. ESTEJA AQUI E AGORA e sinta tudo o que acontece neste exato momento. Isso é a perfeição!

Viva como se fosse morrer amanhã.

GANDHI

Meditação

A vida consiste simplesmente no momento presente. O agora é tudo o que você tem na vida. Se você deseja viver genuinamente, deve mergulhar o mais fundo possível neste momento. O despertar e a iluminação só são possíveis se você se deixar preencher pela luminosidade e pela bem-aventurança do Agora. Qualquer coisa além do Agora não passa de uma ilusão que distorce sua capacidade de realmente viver o presente em paz.

Aplicação na Vida Real

Acaso você deseja morrer sem nem mesmo sentir que começou a viver? Gastamos tanto tempo alimentando a necessidade do ego de reviver o passado e prever negativamente o futuro! Isso não é viver. Isso é ser levado pelo ego pela coleira. Deixe para lá o apego ao passado e os desejos do futuro e simplesmente SEJA, AGORA. Isso é a liberdade infinita, e liberdade é vida.

*Medite e perceba que este mundo é repleto
da presença de Deus.*

UPANISHADS

Meditação

Olhe ao seu redor e mergulhe na cascata de silêncio e tranquilidade do Universo. Sentir a quietude do Universo o ajudará a realizar a Verdade. Concentre-se e se torne uno com a beleza misteriosa do céu, com a inocência e o amor da sua família, com a compaixão dos seus amigos e com o poder e a iluminação dos produtos da criação.

Aplicação na Vida Real

Muitos seres humanos se calam ao escutar ou ler a palavra "Deus". Isso tende a ocorrer por causa da pressão ou "pregação" que sofremos durante nossa vida. Deus não é privilégio de uma religião específica; como disse Gandhi: "Deus não tem religião".

Deus é apenas um termo que usamos para descrever a força invisível, intangível e mística que impulsiona o Universo. Deus é pessoal, e está dentro de cada ser humano. Deus está dentro de nós e é a fonte onipotente e amorosa que tudo conecta. Contemple as características do seu Deus pessoal e comece a se unir com essa energia perfeita.

A maior revelação é a quietude.

LAO-TZU

Meditação

Fique calmo e sinta o êxtase natural deste momento sagrado. Acolha a Energia Universal onipresente que o cerca e deixe que ela o penetre por completo. Essa felicidade que você sente é a verdadeira natureza da vida. Lembre-se de que essa energia dinâmica está sempre disponível; você deve apenas permitir que ela entre e se funda com seu coração.

Aplicação na Vida Real

Permaneça na natureza por bastante tempo e concentre-se por completo na conexão da sua respiração com o ar que o cerca. Esta é a energia do Universo. Ela se encontra presente onde quer que você esteja. Sua ligação direta com essa fonte é a sua respiração; inspire, expire; é o sopro da vida. Você é essa fonte; se permanecer imóvel e se unir à energia invisível do cosmos, você verá essa força miraculosa, vai senti-la e se unir a ela.

*Aprenda a se desapegar.
Esse é o segredo da alegria.*

BUDA

Meditação

Durante a vida, acumulamos e carregamos todos os tipos de excesso de peso. Isso provoca sofrimento cotidianamente. Quando você deixa o passado para trás, começa a ter a capacidade de saborear o momento presente. Liberte-se do peso excessivo do passado e sinta a libertação que isso traz. Como ser humano, você deve viver cada momento com tranquilidade e soberania. No entanto, carregar o peso do passado torna impossível essa tarefa.

Aplicação na Vida Real

Pense um pouco. Você se apega a cada memória e pensamento que vem à sua mente? Esse apego só leva ao descontentamento, à frustração e à impossibilidade de aproveitar a vida. Você se torna escravo da sua mente e renuncia a sua capacidade de ter autonomia. Comece a se libertar dessa servidão primeiro perdoando a si mesmo e depois perdoando aos outros. Tente colocar por escrito todos os apegos que você tem pelo passado; então, contemple-os e pondere-os pela última vez e, por fim, rasgue-os e jogue-os fora, queime-os ou ofereça-os ao Universo de alguma outra maneira criativa. A chave é se livrar da influência destrutiva deles e embarcar na sua nova jornada de liberdade e tranquilidade.

O futuro depende do que fazemos no presente.

GANDHI

Meditação

Aquilo que você faz em cada momento se torna o alicerce do futuro. Não há motivo para se preocupar ou se afligir com o futuro. Apenas lembre-se de que você tem controle sobre cada momento que vive hoje. Crie os melhores momentos que puder e o futuro será o que você deseja. Acabe com seu hábito de poluir o presente com arrependimentos e culpas do passado e receios quanto ao futuro. Se você se centrar e exalar excelência no *Agora*, o futuro que você deseja acontecerá por si mesmo.

Aplicação na Vida Real

Concentre-se completamente na tarefa do momento, quer seja ela um projeto de trabalho ou lavar a louça. Comece a criar o hábito de permanecer por inteiro no momento. Quando os restos do passado estiverem à espreita na sua mente, simplesmente dê-se conta disso e diga ao seu ego que você não permitirá que o dom do presente seja arruinado. Deixe que passem suavemente sem se apegar aos pensamentos ou emoções dessas memórias. Lembre-se, a vida é o presente; o resto não passa de ilusão. Você só tem o agora, então aproveite-o da melhor maneira possível.

Tudo tem sua beleza, mas nem todos a percebem.

CONFÚCIO

Meditação

Abra os olhos da alma para poder se banhar no esplendor majestoso e fulgurante do Universo. Saia da escuridão do ego e tome consciência da verdade contida no seu espírito. Olhe à sua volta e perceba o milagre de tudo o que o cerca. Preste bastante atenção e permaneça consciente. Logo você se unirá com o que está ao seu redor e com a beleza abrangente do Universo.

Aplicação na Vida Real

Permaneça atento à beleza e à perfeição que o cercam. Livre-se de tudo o que aprendeu no passado e olhe para o Universo como um recém-nascido que o contempla pela primeira vez. Admire o projeto exato da natureza e una-se com a força sagrada do Universo. Essa força penetra o seu ser, embora quase sempre seja obscurecida pela neblina do ego mundano. Dissipe essa neblina e entre no brilho bem-aventurado da sua alma.

Tentemos reconhecer a natureza preciosa de cada dia.

SUA SANTIDADE, O DALAI LAMA

Meditação

Levemos essa citação um pouco adiante e reconheçamos a natureza preciosa de cada momento da vida. Este momento é tudo o que nos é garantido. A vida é este momento e nada mais. O tempo é uma ilusão perigosa que nos priva da pura alegria de que é feito o Agora. A vida iluminada não acontece em lugar algum senão no Agora. Livre-se do passado destrutivo e do futuro preocupante e mergulhe no infinito do presente.

Aplicação na Vida Real

Concentre-se e mergulhe no que está à sua frente com toda a sua consciência. Se qualquer outra coisa começar a preencher sua mente, tome nota dela e deixe-a para trás. Aqui e agora é tudo em que você precisa se concentrar. A atenção plena à tarefa presente pode transformar a vida comum numa aventura extraordinária. O que quer que você faça, faça com todo o seu ser.

Oportunidades preciosas e raras estão à nossa volta. Devemos reconhecer seu valor.

SUA SANTIDADE, O DALAI LAMA

Meditação

Nosso melodramático dia a dia "normal" encobre o milagre que nos cerca. Para se unir à beleza contida no Universo, é imperativo que você saia da neblina da ilusão e acolha a verdade do cosmos. Os milagres são ocorrências cotidianas quando vivemos com atenção plena e em harmonia com nossa alma, mas deixam de existir quando somos pegos na armadilha do ego.

Aplicação na Vida Real

Esteja atento e alerta aos sinais do seu dia a dia. Caminhe devagar e olhe ao seu redor. Perceba as maravilhas do Universo. Escute atentamente a voz da sua alma e siga sua orientação, em vez de passar com pressa pelos momentos da sua vida para completar tarefas tediosas. Acalme-se e sinta conscientemente tudo em seu caminho.

*Por mais difícil que tenha sido o passado,
sempre se pode começar de novo.*

BUDA

Meditação

O hoje é tudo o que temos. Na verdade, este exato momento é tudo o que você realmente possui. Se você se sentar e contemplar isso sinceramente, descobrirá que o momento seguinte nunca está realmente garantido. Sua mente está determinada a situar sua atenção no passado ou no futuro distantes. Ambas as coisas (reviver os momentos do passado ou sonhar com os do futuro) são ilusões que destroem a realidade do presente. Desligue-se da orientação errônea da sua mente e simplesmente se deixe *ser* no brilho do Agora. É aqui que a vida existe: unicamente no presente.

Aplicação na Vida Real

Quando seus pensamentos vagueiam, voltando à dor e ao arrependimento do passado ou prendendo-se ao medo e à ansiedade debilitantes do futuro, simplesmente deixe que eles passem, sem reagir a eles de modo impulsivo nem alimentá-los com respostas emocionais. Lembre-se de que são apenas pensamentos que não têm base na realidade do presente. Não tente parar esses pensamentos; em vez disso, deixe que eles se movam como as nuvens se movem acima de nós. Volte ao presente e se banhe na luz do seu ser.

Verdade

II

A VERDADE ESTÁ DENTRO de cada alma, esperando pacientemente sob as nuvens escuras do ego. Buscar e praticar a Verdade Suprema é um processo contínuo de peneirar as ilusões do ego e entrar em harmonia com as verdades do Universo. Toda a criação repousa em fortes alicerces construídos sobre a verdade, que nos fornece o fluxo de energia perfeito que permeia o cosmos.

A Verdade é algo que sabemos e sentimos intuitivamente dentro de nosso ser. É completamente diferente da intelectualização e do egoísmo. Quando pensamos, cremos, falamos, nos emocionamos ou agimos, sabemos intrinsecamente se estamos alinhados com a verdade da vida pura ou com a mentira do ego. A verdade sempre prevalece sobre a ilusão.

É crucial aprender a discernir entre a verdade, de um lado, e, do outro, o logro da mente e a opinião popular sobre o que é a verdade. A maioria das instituições da nossa sociedade ainda não adquiriu esse conhecimento e, infelizmente, é governada com base na opinião majoritária do ego das pessoas, não nos princípios fundamentais do Universo. A aplicação da verdade é com certeza coisa que falta nos dias de hoje. Contudo, se você e eu continuarmos nossa busca e despertarmos para a verdade da vida, criaremos mudanças duradouras e contribuiremos para o avanço futuro da humanidade. Em cada momento e em cada situação da vida, pergunte a si mesmo se você está vivendo de acordo com a verdade ou se está sendo levado pelas invenções do ego. Olhe sinceramente para dentro de si e a resposta será dada.

Não há Deus maior que a Verdade.

GANDHI

Meditação

A verdade tem o poder de mudar a humanidade. Buscar a verdade e se alinhar com ela é a maior tarefa que você pode empreender durante sua vida. O Universo foi criado sobre um alicerce de verdades essenciais. Infelizmente, o ego do homem contaminou a pureza desses princípios fundamentais e construiu sua própria sociedade baseada numa filosofia de vida ilusória. Temos de voltar aos princípios sagrados do Universo e confiar nos seus poderes divinos.

Aplicação na Vida Real

A veneração dos critérios do ego só leva a uma vida baseada em falsos princípios. Em você repousa a doutrina divina, que o conduzirá através dos portões da iluminação. Avalie suas crenças e sinceramente distinga a verdade da ilusão. Você quer ser guiado pela verdade ou está satisfeito seguindo as invenções do ego?

Não acredite em algo só por que lhe disseram.

BUDA

Meditação

É claro que você vai ouvir muitas coisas, algumas verdadeiras, outras falsas, durante a jornada da sua vida. É imperativo que você não tome boatos como verdades, e extremamente importante que busque a verdade e reflita sobre todas as informações com que entra em contato. Se você permitir que sua luz interior avalie a verdade, nunca errará. A verdade é natural no seu ser. Se você envolver seu ego, certamente se desviará do caminho.

Aplicação na Vida Real

Quando se deparar com novas informações, é essencial que você mergulhe fundo no seu ser, onde está contida a verdade absoluta. Procure um local solitário em meio à natureza e reflita. Dentro da sua alma estão todas as respostas de que você precisará na vida. Faça questão de investigar o conhecimento que lhe aparece e de nunca confiar na suposta autoridade dos peritos humanos. Lembre-se, o ego sempre estará à espreita, aguardando pacientemente para desviá-lo do caminho do aprendizado da verdade.

O inocente que padece insultos, que é chicoteado e agrilhoado, cuja arma é a paciência e cujo exército é o caráter – essa pessoa eu chamo de santa.

BUDA

Meditação

No seu dia a dia, não siga apenas a opinião popular, mas lute também pela verdade que vive dentro da sua alma. A verdade normalmente é inaceitável e perigosa para aqueles que vivem na mentira. Entretanto, desafiar as mentiras da sociedade e expor a verdade da forma que você puder é um ato eternamente nobre e luminoso. Isso não o tornará extraordinariamente popular ou querido por alguns, mas, como a análise final da vida mostrará, você crescerá e prosperará. E acima de tudo, o Universo continuará a evoluir.

Aplicação na Vida Real

Durante sua jornada, corra o risco de lutar por aquilo que você sabe ser a Verdade Absoluta. Quer os outros ao seu lado gostem, quer não, recuse-se a bater em retirada. O Universo fica do seu lado quando você luta pelos princípios da vida. Se você crê que algo é verdade mas cede conscientemente à natureza ilusória da sociedade, perderá seu verdadeiro eu e contribuirá para a morte do mundo. O que quer que você faça, sempre busque a verdade. Assim, seu sucesso será garantido.

*Ao criticar, o mestre busca ensinar.
Isso é tudo.*

BANKEI

Meditação

As mentes ignorantes e iludidas desprezam os menores sinais de crítica e imediatamente se retraem. Os sábios recebem a crítica e a acolhem com prazer. A crítica é um alimento vital para o desenvolvimento de nossa alma. É importante lembrar que nem toda crítica é negativa. Todos os que o criticam foram postos em seu caminho para auxiliar na evolução do seu ser. Quando lidar com críticas, agradeça amigavelmente ao professor pela lição.

Aplicação na Vida Real

Permaneça atento a cada passo que você dá em seu caminho, já que professores sempre aparecem durante nossa caminhada para a libertação. Cada ser com o qual você se encontra tem algo pertinente a lhe ensinar. Você pode decidir tomar essa instrução como uma via de acesso para uma esfera elevada de consciência ou, pelo contrário, pode se ofender e não aprender nada. Quer seja o homem que o fecha na rodovia, o colega ignorante que você gostaria de afastar ou o homem liberto que compartilha sua sabedoria, cada um é um exemplo de professor que podemos encontrar durante nossa peregrinação rumo à iluminação. Agradeça a todos eles com satisfação.

*Não é sinal de saúde ser bem adaptado
a uma sociedade profundamente doente.*

DITADO CHINÊS

Meditação

Adaptar-se às ilusões da sociedade limitará suas experiências na vida. As falsas crenças e os estados condicionados o deixarão encarcerado na prisão da sua mente. Você vai perseguir seus desejos infinitamente sem nunca ter a sensação de satisfação. Os seres humanos buscam de maneira contínua um desejo depois do outro, cada um dos quais cria um ciclo de desespero aparentemente infinito. Esta é a sociedade doente na qual vivemos. Felizmente, sempre temos a opção de nos libertar dessa confusão e descobrir a liberdade interior. Essa liberdade está dentro da alma e sempre estará disponível; apenas temos que decidir acessar seu poder infinito.

Aplicação na Vida Real

É muito importante avaliar conscientemente o caminho que percorremos em cada dia. Você segue a orientação da sociedade sem questionar sua validade ou está em harmonia com a voz da sua alma, que sempre diz a verdade? A vida que todos chamam de normal pode ser uma vida de constante ilusão. Abandone as crenças da sociedade e do ego e se alinhe com a Verdade Universal. Assim, finalmente você conhecerá a verdadeira vida.

*Aquilo que chamamos de realidade é um
sonho criado pela mente.*

STEPHEN LEVINE

Meditação

Acorde por completo para a verdade do Universo. Não permita que o seu ego o manipule e o leve a acreditar que os melodramas do mundo físico são uma realidade da qual você precisa participar. Sempre reflita profundamente e deixe que seu espírito determine o que é importante na sua vida. Seguir o caminho do ego é se tornar vazio. Se você seguir o caminho da Fonte Universal, encontrará a satisfação eterna. Descubra o que seu espírito deseja em vez de submeter-se às ordens do ego.

Aplicação na Vida Real

Caminhe na natureza e permita que a verdade penetre em seu ser. Pense no que é real e no que é sonho na sua vida. A vida é realmente feita da agitação da sociedade, ou existe muito mais coisas do que isso? Busque a verdade em todo lugar aonde você for e não deixe que o aspecto ilusório da sociedade o convença a fazer outra coisa. A essência do seu ser reconhece o que é real e o que é um mero sonho tecido pela mente.

*Aquele que se deleita na verdade dorme em paz,
com a mente livre.*

BUDA

Meditação

Apenas quando estamos diretamente alinhados com o Caminho do Universo é possível sentir a paz e a tranquilidade verdadeiras. Sua alma conhece apenas a verdade; desse modo, se você permitir que o ego comprometa a integridade da sua alma, haverá discórdia em todo o seu ser. Os homens têm a incrível e desastrosa capacidade de inventar falsas explicações e se enganar usando o intelecto. Contudo, o espírito nunca pode ser enganado, já que conhece apenas a verdade.

Aplicação na Vida Real

Dentro de você está a Verdade Absoluta do Universo. Ela vive dentro do seu coração e da sua alma, mas seu ego sempre tenta encobrir essa força e iludir suas crenças. Busque fundo dentro de si, identifique a beleza que se irradia da verdade e banhe-se na luz dela em vez de se prender aos grilhões do ego. Quais mentiras o ego tenta disfarçar como verdades na sua vida? Quanto mais cedo você avaliar e compreender a falácia dessas crenças, mais cedo se livrará da prisão sombria e claustrofóbica do ego.

*A Verdade Absoluta está acima das palavras.
As doutrinas são palavras. Não são o caminho.
O caminho não tem palavras. As palavras são ilusões...*

BODHIDHARMA

Meditação

Não podemos viver baseados em palavras ou falsos conceitos criados pelo intelecto humano. Devemos sentir e acolher a verdade interiormente e nos alinhar com essa força poderosa e confiante. Os seres humanos criam palavras, ao passo que o Universo cria nossa realidade suprema. Dentro de você estão presentes os princípios da verdade. Você deve sentir intimamente esses princípios com seu coração em vez de conhecê-los com sua mente. A liberdade é resultado de viver a verdade, enquanto a prisão é resultado de viver a ilusão.

Aplicação na Vida Real

Inicie uma jornada interior. É certo que você encontrará a verdade cara a cara. Ela reside dentro de você, esperando pacientemente sua chegada. Você a descobrirá se a buscar com sinceridade. Você deve penetrar o véu do ego, acolhendo a verdade com a pureza e a intimidade de toda a sua alma. O intelecto apenas o afastará da verdade. Sinta e acolha a verdade que está dentro de você, a verdade que está à espera de ser descoberta e aplicada na sua vida. Ligue-se a ela. Cale seu intelecto e acalme-se; é aí que você descobrirá a verdade do Universo.

*Você é o conteúdo da sua consciência;
ao conhecer a si mesmo, conhecerá o Universo.*

KRISHNAMURTI

Meditação

A separação em relação ao Universo não passa de uma ilusão criada pelo ego. Resta a verdade suprema de que nós somos o Universo; somos Uno com todas as coisas. A exclusividade é produto do pensamento social e não tem nada a ver com a natureza absoluta e com o rumo da vida. Ingresse no reino encantador da unidade. Assim, você descobrirá a essência original e eterna da criação.

Aplicação na Vida Real

Sente-se em silêncio e interaja com a sabedoria do Universo. Permita que a separação criada pelo ego desapareça e una-se com tudo o que existe. Una-se ao mundo, às árvores, ao céu e às nuvens. Deixe que o milagre que está à sua volta adentre seu ser por completo e comece a sentir a união que existe entre você e o que está ao seu redor. Nessa união não há limites. As limitações são ilusões do ego. Entre no mundo e expresse a liberdade da sua verdadeira natureza. Demonstre o poder ilimitado que há dentro de você, poder que espera pacientemente para ser expresso.

*O sábio segue sua própria decisão;
o ignorante segue a opinião pública.*

PROVÉRBIO CHINÊS

Meditação

A opinião majoritária no nosso mundo é baseada na ilusão. Se você seguir esse caminho, mesmo que inconscientemente, sairá do caminho da verdade. Busque a sabedoria e a verdade dentro de você e assim descobrirá o caminho de iluminação que sua alma lhe preparou. Esse caminho transcende o pensamento mundano e se alinha com a presença absoluta.

Aplicação na Vida Real

Busque nas profundezas do seu ser e descubra a sabedoria que lá repousa intocada. Sinta e acolha a verdade da vida e comece a aplicá-la na sua jornada diária. Em vez de ser aprisionado pelo caos, pela ilusão e pelo modo de agir e pensar da sociedade, crie seu próprio caminho com base na verdade que descobrir.

Mudança

III

A MUDANÇA É NOSSA MAIOR ALIADA na nossa jornada pessoal para a transformação espiritual. Há um provérbio que diz: "Se nada muda, nada muda". Logo, se você quer mudar sua vida, a sociedade ou até mesmo o mundo, deve iniciar uma jornada de exploração e mudança interior. Essa exploração interior será a faísca de ignição de um processo de mudança exterior que beneficiará você e o resto da humanidade. O talento mais belo na vida é a sua capacidade de mudar de rumo, independentemente do caminho que trilhou até agora. Você deve sempre lembrar que o passado não é mais realidade. Sendo assim, o passado não tem poder para o impedir de viver a vida que você realmente aspira a viver.

Durante sua jornada para a iluminação, importantes oportunidades lhe serão dadas. Seu papel é permanecer atento e compreender esses conceitos para usá-los na sua viagem. Cada momento, cada provação, cada obstáculo e cada suposta falha são partes essenciais do processo evolutivo da sua alma. É muito importante que você aprenda com tudo e com todos que aparecerem em seu caminho. Não existe coincidência neste mundo; absolutamente tudo pelo que você passa foi feito para ser parte do seu aprendizado aqui na Terra. Tudo é o que deveria ser. Aqui mesmo, neste exato momento, na sua vida há apenas a perfeição.

Quando embarcar na sua jornada de mudança pessoal, é essencial que você tenha em mente alguns valores indispensáveis. Os fatores listados abaixo não são tudo, mas o ajudarão a se guiar na sua aventura para a transformação pessoal e Universal.

- Descubra o propósito único que repousa em você. Persiga esse objetivo com paixão e infinita determinação.

- Em vez de ficar parado e pensar nas mudanças profundas que você deseja empreender em sua vida, levante-se e aja.

- A ação é dividida em pequenos passos de atenção que levam ao seu objetivo. Sempre se lembre de estar presente em cada momento do processo, em vez de ficar obcecado com o objetivo. (Boa parte da nossa vida é ignorada quando enfocamos apenas o final do caminho, em vez de estar conscientes de cada passo do processo.)

- Mude para o bem da humanidade, sem aspirar a resultados egoístas.

- A mudança se materializará na sua vida se você sempre puser em prática o trabalho duro, a persistência, a determinação e a intenção virtuosa de ajudar os outros seres humanos. (Se os seus objetivos não estão focados em ajudar a humanidade, eles não têm sentido.)

- Busque sempre a excelência, indo além do que é esperado de você.

Agora siga em frente e comece a manifestar as mudanças duradouras que você quer na sua vida.

Você deve ser a mudança que deseja ver no mundo.

GANDHI

Meditação

Muitas pessoas relaxam sentando-se e assistindo ao noticiário noturno ou à sua série favorita, muitas vezes criticando o mundo e a sociedade. O problema é que essas pessoas só relaxam e se sentam. A solução não é ficar parado, mas sim agir. Assuma o controle da sua vida e do seu objetivo e comece a viver intensamente. Dentro de você há uma peça do quebra-cabeça que age como catalisadora da transformação mundial. Não fique simplesmente vagando pelo caminho ilusório da sociedade. Levante-se e aja, creia, demonstre ou faça qualquer outra coisa que mostre ao mundo as mudanças notáveis que um ser humano é capaz de realizar.

Aplicação na Vida Real

Contemple as mudanças que você gostaria de ver no Universo. Não deixe que o pessimismo e o negativismo da sua mente perturbem sua visão de um mundo melhor. Olhe para dentro de si e planeje uma pequena mudança interior. Acredite que essa mudança tem o potencial e a energia para começar a transformação na humanidade. As ações de cada ser humano afetam a direção para onde o mundo vai. Lembre-se, você é uma parte poderosa do cosmos.

*O maior espaço no mundo é o espaço
que temos para a melhoria.*

PROVÉRBIO JAPONÊS

Meditação

Não importa quem somos (ou pensamos que somos), o que fazemos para viver, quanta riqueza juntamos ou quão incríveis são nossas realizações; sempre teremos espaço para trabalhar no crescimento e no desenvolvimento. Nunca desista da sua jornada para o autoaperfeiçoamento; sempre haverá oportunidades para o crescimento. Aqueles que acreditam que não precisam de mais nada são os que necessitam do trabalho mais profundo.

Aplicação na Vida Real

Avalie honestamente seu mundo interior e defina qual parte sua você gostaria de melhorar. Essa busca interior deve ser sincera e completa. O primeiro passo é iluminar aquelas áreas escuras que você esconde e reconhecer a presença delas. A partir daí, você pode finalmente aceitar esses aspectos do seu ser e começar a trabalhar na transformação. Esse trabalho interior é a parte principal da vida espiritual.

Se vale a pena fazer algo, vale a pena fazê-lo bem.

PROVÉRBIO CHINÊS

Meditação

Tudo o que você faz na vida merece sua total atenção e cem por cento do seu esforço. Essa é a forma mais eficiente de aproveitar as oportunidades e os milagres que aparecem durante sua jornada diária. Esforce-se para colocar sua assinatura em tudo o que busca na sua vida. Isso inclui tudo, desde lavar a louça até pintar uma obra-prima. Cada tarefa a cada momento na vida é sagrada e deve ser tratada como tal. O simples fato de você ser saudável o suficiente para acordar, tomar um banho, passar o aspirador de pó e fazer todas as outras "tarefas comuns" é um milagre, e cada uma dessas tarefas transborda divindade.

Aplicação na Vida Real

Dedique um dia inteiro para concentrar toda a sua atenção e energia em cada tarefa com a qual se envolver. Insira-se em cada momento e em cada respiração e sinta o êxtase e o poder do presente eterno. Perceba a energia que o cerca, juntamente com a serenidade e a tranquilidade do Universo. Apenas *seja*, e una-se com aquilo em que você estiver envolvido. Isso é a vida. Não há nada que valha a pena buscar, nada mais sagrado que a sua presença no *Agora*.

Quem cai numa vala fica mais sábio.

PROVÉRBIO CHINÊS

Meditação

No seu caminho para o sucesso, é necessário cair. A queda muitas vezes é o caminho direto para a iluminação. Devemos tropeçar e cair para obter a sabedoria que nascemos para aprender. A vida é cheia de valas. Por outro lado, também é cheia de montanhas. Quando estiver preso numa vala, você deve aprender com seus erros e continuar sua escalada rumo ao sucesso.

Aplicação na Vida Real

Adote uma maneira diferente de olhar suas supostas falhas. De forma realista, esses momentos são possibilidades de aprendizado que cedo ou tarde o elevarão ao pico do sucesso. Caia, levante-se e continue escalando o terreno montanhoso do sucesso. Só existe um momento de verdadeiro fracasso na vida, e esse momento é quando você desiste.

Uma gema não é polida sem esfregar,
e o homem não se torna perfeito sem provações.

PROVÉRBIO CHINÊS

Meditação

Durante a nossa jornada, são as adversidades e os desafios que nos transformam nos seres humanos que fomos criados para ser. Sem lutas e sacrifícios, nossa alma estagnaria e nossa vida ficaria sem sentido ou propósito. Acolha todas as oportunidades que aparecerem em seu caminho, pois elas vão favorecer o desenvolvimento da sua alma. A vida é uma jornada contínua de crescimento e as possibilidades de progresso são imensuráveis. Aproveite as provações que a vida apresenta e converta-as em degraus para um sucesso extraordinário.

Aplicação na Vida Real

Comece a repensar a maneira como a sua mente interpreta ou percebe as dificuldades e os desafios na vida. Se você identifica alguma coisa como um problema, essa coisa sem dúvida se tornará um problema. Por outro lado, se você vir esses momentos preciosos da sua vida como ingredientes adicionais para o seu crescimento e evolução, é exatamente isso que eles se tornarão. Transforme cada obstáculo de sua vida naquilo que ele realmente é: uma experiência única de aprendizado que age como catalisadora da transformação da sua alma.

*O homem que moveu a montanha
começou por tirar as menores pedras.*

PROVÉRBIO CHINÊS

Meditação

Muitas vezes, quando olhamos o todo de uma tarefa com a qual nos deparamos durante a vida, nosso ego instantaneamente enche a nossa mente com mensagens extremamente complicadas e define a tarefa como algo impossível. O objetivo do ego é esmagar você com essas interpretações e, por fim, levá-lo a desistir do seu verdadeiro propósito. O ego deseja o sofrimento e a dor infinitos. Como um ser espiritual que busca a verdade e a consciência, você deve transcender a influência do ego e simplificar o seu mundo. É na simplicidade que se encontram o sucesso, a paz e a iluminação. Essa é a essência do seu ser.

Aplicação na Vida Real

Escolha uma tarefa na sua vida que você normalmente descarta da sua consciência por causa de sua aparente complexidade. Sente-se com um papel e uma caneta e tente achar uma maneira de dividir essa tarefa em passos menores e mais fáceis de controlar, que você poderia superar sem muita dificuldade. Esse processo pode ser aplicado em qualquer projeto que você queira começar. Simples assim. Pare de intelectualizar e se afastar do êxito, e comece a fazer o necessário para progredir. Todos os grandes feitos foram realizados assim. Eu quase sinto que tenho que pedir desculpas por não ter nenhuma sugestão filosófica ou intelectual a apresentar, mas experimente fazer isto que estou dizendo. Você terá uma agradável surpresa.

Por trás de cada joia estão três mil cavalos ofegantes.

DITADO ZEN

Meditação

Não caia no mito de que apenas os "sortudos" e os "afortunados" se dão bem e são recompensados com riquezas. Por trás do verdadeiro sucesso há um forte alicerce de trabalho, determinação e persistência. Para obter o sucesso de forma virtuosa e sincera, a pessoa deve contribuir com o "esforço da alma" para adquirir todas essas recompensas. Isto é, você deve se esforçar para alcançar seus objetivos com toda a paixão e amor que há na sua alma. Com esses ingredientes vitais, nada poderá detê-lo no seu caminho rumo ao sucesso.

Aplicação na Vida Real

Cumpra com amor e compaixão cada tarefa que aparecer no seu caminho rumo à grandiosidade. Você ficará maravilhado com as joias que encontrará. Quando você vive dessa maneira, o Universo age como seu guia e garante o seu sucesso. Mas lembre-se, estamos falando do verdadeiro sucesso, que é diferente da definição limitada do seu ego. Logo, você deve distinguir entre o sucesso mesquinho do ego e o sucesso benevolente da alma. Qual é o desejo do seu ego? Qual é a vontade mais profunda da sua alma?

*Sem ação, mesmo as águas mais
profundas param de correr.*

BUDA

Meditação

Pode ser que você esteja indo bem rápido, mas a lugar nenhum. Você pode estar parado, apesar de a sua mente estar inquieta e agitada. Hoje no mundo é comum vivermos ansiosos e na correria, e mesmo assim estarmos encalhados, ou pior, regredindo. Você está mergulhado no caos inútil da sociedade ou está avançando virtuosamente?

Aplicação na Vida Real

Avalie sua rotina e decida se essas práticas o levam a avançar na sua evolução espiritual, o fazem regredir ou o deixam estagnado. Algumas questões pertinentes a se ponderar são: Você vive no presente ou polui sua vida vivendo no passado? Você está unido à humanidade ou separado dela? Busca dinheiro e bens materiais ou a verdade? Baseia sua vida num propósito e num significado ou está caminhando a esmo, baseado na sociedade ilusória em que vive? Faça o melhor possível para distinguir entre as respostas dadas pelo seu ser puro e as dadas pelo seu eu egoísta.

*A não violência requer muito mais
coragem que a violência.*

GANDHI

Meditação

A violência é um modo de vida comum hoje em dia. Somos entretidos diariamente pela violência na televisão, nos filmes e em todos os aspectos da mídia. Ouvimos, lemos, nos envolvemos e simplesmente deixamos que ela continue. Parece que a violência é o novo padrão ou filosofia de vida de acordo com a opinião popular ou majoritária. É dessa forma que você quer que o Universo evolua? Se sua resposta é não, levante-se e faça algo para deter essa espiral descendente. A violência não passa de uma ilusão de que a sociedade se apoderou. No fim, ela gera apenas mais violência. Nunca é uma solução apropriada; é apenas parte do problema.

Aplicação na Vida Real

Em vez de tapar os olhos e ouvidos à violência que está à sua volta, torne-se parte da solução. Ignorar o que acontece no mundo é tão problemático quanto agir violentamente. Determine como você pode agir de forma não violenta para ajudar a reverter o caminho atual da sociedade. Pode ser um ato tão simples quanto escrever uma carta, ensinar a um jovem meios efetivos para suportar as adversidades sem o uso da violência ou servir de mentor para um delinquente juvenil. É você que decide, mas faça o favor de não ficar parado – faça algo.

*As oportunidades se multiplicam
quando são aproveitadas.*

SUN TZU

Meditação

Cada momento de cada dia é cheio de possibilidades ilimitadas para o crescimento e para o progresso. Mergulhe no oceano do Agora e tire proveito das possibilidades infinitas que estão à sua espera. Cada vez que termina com sucesso uma tarefa, você é subsequentemente recompensado pelo Universo. Mantenha os olhos abertos e siga os sinais que foram colocados no seu caminho.

Aplicação na Vida Real

Nossa vida está cheia de "coincidências", mas será que elas são mesmo coincidências? Infelizmente, seu ego quer que você acredite na teoria da coincidência e descarte os acontecimentos como meros frutos do acaso. Seguir o ego é a melhor maneira de ignorar os sinais do Universo. Por trás desses supostos "acasos" está a inteligência profunda e poderosa da criação. São acontecimentos criados com o propósito de harmonizar você com a Verdade Absoluta. Você deve manter os olhos da alma bem abertos para se banhar na sincronia cósmica. Una-se a essa fonte e você caminhará eternamente pela senda sagrada que está bem à frente dos seus olhos.

Ego / Ilusão

IV

NOSSO EGO É UM MECANISMO altamente sofisticado e tenta jogar seu manto de enganação sobre a natureza luminosa da nossa alma. O maior objetivo do ego é nos convencer de que ele é um reflexo verdadeiro de quem nós somos. Ele se manifesta por meio de falsos pensamentos, sentimentos e crenças ilusórias sobre a verdadeira natureza da realidade. O ego é astuto e desonesto, por isso devemos estar sempre atentos à sua influência. A maior parte dos indivíduos passa a vida inteira acreditando que é o que o ego diz que eles são. Essa é, na verdade, a ilusão mais destrutiva de todas. É certo que não somos nosso ego, nossos pensamentos nem nossas crenças. Somos seres espirituais perfeitos, mas constantemente deixamos que o ego nos diga o contrário.

Vejamos as qualidades do ego comparadas às da alma, ou essência pura, dos nossos seres:

- O ego cria a separação; a alma é unida ao Universo.

- O ego cria a limitação; não há limites para a alma.

- O ego é governado pela ilusão; a alma conhece apenas a verdade.

- O ego tem desejos externos e exigências infinitas; a alma tem tudo de que precisa.

- O ego vive no passado e no futuro; a alma habita eternamente o presente.

- O ego encobre nossa verdadeira essência; a alma é a nossa verdadeira essência.

Você terá sempre a liberdade de escolher qual caminho você quer seguir: o caminho governado pelo ego ou o caminho iluminado pela alma. Certamente você pode continuar sua busca maníaca e infinita pela felicidade fora de si mesmo, ou pode seguir a orientação sábia e gentil da sua alma. Com certeza, é possível escapar do sofrimento e do caos criados pelo ego. Fique tranquilo; podemos resistir à força que nos puxa para o mundo ilusório. Eu insisto que você comece imediatamente, sem hesitar, sua jornada sagrada rumo à liberdade, e que alinhe seu caminho pessoal com os princípios universais da sua alma. Silencie seu ego e entre no reino bem-aventurado do seu ser mais profundo.

*Pode-se dizer que Deus não pode ser conhecido pela mente,
mas apenas vivido no coração.*

STEPHEN LEVINE

Meditação

A fé no que existe além da esfera física está no nosso coração e na nossa alma, e só pode ser percebida pela natureza pura do nosso ser. Nosso intelecto é controlado pelo ego. Precisamos transcender isso para começar a sentir profundamente o Universo, sem intelectualizar tudo. O fato de não entendermos por completo a fonte divina é apenas a maneira como as coisas devem ser – isso lhe permite ter esperança e fé nos mistérios do Universo e lhe dá a oportunidade de transformar seu ser físico numa entidade espiritualmente iluminada. Não saber e aceitar o fato de que você não precisa saber são passos vitais para a espiritualidade.

Aplicação na Vida Real

Desacelere sua mente por um momento e entre realmente em contato com o poder do Universo. Sinta a energia, a onipotência e a sabedoria que existem no nosso ambiente natural. Harmonize seu coração e sua alma com essa força e confie completamente na verdadeira alma do Universo; e lembre-se, não saber é a maneira que deve ser.

Não é o prazer que nos faz felizes.

STEPHEN LEVINE

Meditação

Os prazeres sensoriais efêmeros gerados pelos bens materiais e corporais não satisfarão seu anseio íntimo pela felicidade e pela tranquilidade. O estado de felicidade que você busca já está dentro de você naturalmente e deve ser aproveitado com consciência. Absolutamente nada fora de você lhe trará o contentamento verdadeiro. Você pode continuar essa busca inútil fora de você, mas saiba que ela não tem fim.

Aplicação na Vida Real

Lembre-se de quando você conseguiu algo que realmente queria. Essa coisa ainda lhe dá felicidade diariamente ou foi substituída por novos desejos? Você acredita que prazeres transitórios lhe trarão felicidade duradoura? Comece sua expedição interior para despertar a felicidade que é a sua essência inerente. Essa felicidade está presente em qualquer momento em que estamos vivos e respirando; basta você reconhecê-la e aproveitar seu potencial.

Pare, neste exato momento, de se identificar com o ego.

SHANKARA

Meditação

Os pensamentos manifestados dentro do seu ego não são o que você realmente é. Não somos nossos pensamentos, não somos nosso ego, não somos o que a sociedade diz que somos. Somos simplesmente um reflexo da alma do Universo, que compreende a humanidade inteira. Estamos conectados a tudo e a todos que nos cercam. Uma vez que percebemos isso, podemos começar a escapar da ilusão criada pela sociedade e pelo nosso ego, e aí podemos entrar no fluxo de energia harmonioso que está à nossa volta.

Aplicação na Vida Real

Até agora, você deve ter passado a vida acreditando que você é o que seu ego diz ser. Isso é uma mentira que deve ser desmascarada. Você é um ser puro que está unido a todos. Para entrar em harmonia com a energia universal dentro de você, comece aos poucos a se separar do eu inventado pelo ego. Assim que começa a se livrar do manto do ego, é que você descobre a perfeição que está dentro do seu coração. Vá devagar, mas comece a retirar a membrana de ilusão que seu ego preservou por tempo demais. Aqui, agora, você está recebendo a mensagem para transcender o chamado do ego e se encher de energia espiritual.

*O eu e o conteúdo da mente são completamente separados.
Nossa vida comum, que visa à satisfação externa,
não é capaz de distinguir entre um e outro.*

YOGA SUTRA DE PATANJALI

Meditação

Sua busca pelo prazer em objetos, acontecimentos e pessoas é um ciclo perpétuo sem nenhum resultado satisfatório. Ela o mantém eternamente vazio e insatisfeito, perdido no vácuo do seu ser corpóreo. Essa é a grande ilusão pela qual incontáveis seres humanos são, por causa do engano, guiados diariamente. Fuja da escuridão da mente e descubra a verdade que reside dentro da claridade do seu ser essencial.

Aplicação na Vida Real

Distinguir entre o "você verdadeiro" e o "você ilusório" é essencial na sua jornada espiritual. Você perde muito do que verdadeiramente constitui a vida quando acredita nas mentiras da mente que dizem respeito a você. Comece sua jornada por dentro e identifique o ser essencial que espera para ser seu companheiro. Ouça atentamente o sussurro da alma em vez de ser levado de qualquer maneira pela sua mente ilusória. Altere seu foco lentamente dos prazeres sensoriais periféricos para a felicidade interior, que é infinita.

Quando a mente se destaca do eu profundo, o mundo aparece.

RAMANA MAHARSHI

Meditação

Um objetivo que poucos buscam e, infelizmente, menos ainda alcançam, é se livrar da mente ilusória. Isso é lamentável; quando nossa mente está tranquila, começamos a perceber a natureza preciosa de tudo que nos cerca. Abra os olhos da alma e banhe-se na luminosidade e na pureza do Universo.

Aplicação na Vida Real

Vá ao seu ambiente favorito e relaxe seu corpo, mente e alma. Pode ser uma sala na sua casa, perto de um riacho na mata, a praia ou uma trilha arborizada na natureza. Esse lugar é o seu retiro especial. Se você não tem à sua disposição um ambiente sereno para encontrar a paz e a tranquilidade, busque um imediatamente. Nesse lugar especial, inicie a jornada de acalmar a mente e permitir que o Universo permeie seu ser. Comece a levar lentamente esse estado para todos os ambientes da sua vida. No final, você terá desenvolvido a capacidade de manter a tranquilidade na mais caótica das situações; esse é o seu maior poder.

Libertar-se do desejo leva à paz interior.

LAO-TZU

Meditação

Inumeráveis desejos permeiam nossa vida diária, causando uma angústia infinita. Realizamos um e logo partimos para o próximo. Fazemos a compra dos sonhos e, como que por milagre, descobrimos que precisamos de algo maior e melhor. Quando conhecemos nossa verdadeira alma gêmea, encontramos outra tão rápido quanto encontramos a primeira. Essa busca sem sentido pela perfeição e pela felicidade fora de nós mesmos nunca acabará. Tudo o que você vai conseguir desses desejos é ser afastado do momento precioso que é a vida em si.

Aplicação na Vida Real

Pode ser que se libertar de todos os desejos nunca se torne uma realidade na sua vida. Entretanto, esforçar-se constantemente para ter uma vida interior mais completa, minimizando seus desejos, é com certeza um esforço viável e no final levará você à iluminação total. Comece por ponderar sobre a natureza dos seus desejos e sentimentos e não deixe de contemplar honestamente os efeitos deles na sua vida interior. Suas posses e desejos o aproximam ou o afastam da sua jornada espiritual? Você está ganhando a corrida para o sucesso ou está perdido no processo?

*Na antiguidade, os homens estudavam para o seu próprio bem;
hoje em dia, estudam apenas para impressionar os outros.*

CONFÚCIO

Meditação

A verdadeira satisfação não pode ser descoberta quando você vive para os outros. Viver para os outros é a maneira mais fácil de se deprimir, se frustrar e se tornar vazio. O que os outros seres humanos pensam, acreditam ou até mesmo falam sobre você não é a realidade. Contudo, costumamos pensar e agir como se fosse. Busque dentro de si e conheça a verdadeira natureza do *você*. Assim, os pensamentos, as crenças, as palavras ou as ações dos outros não chegarão nem a entrar na sua consciência.

Aplicação na Vida Real

Comece a desenvolver uma relação íntima com o seu verdadeiro eu e alinhe-se com a natureza pura do seu ser. Não permita que o ego dos outros o afetem negativamente ou o forcem a se conformar com falsas visões da vida e do Universo. Ninguém cresce espiritualmente quando vive para os outros. Mas se você vive em harmonia com a essência do seu ser natural, sem dúvida você inspirará os outros a viver dessa mesma maneira profundamente virtuosa.

Dome o único inimigo que há dentro de você: a ilusão.

O PRIMEIRO DALAI LAMA

Meditação

A ilusão é a força poderosa que é responsável por todo sofrimento na nossa vida. Todo dia caminhamos a esmo e sem consciência, alimentando e fortalecendo essa ilusão que nos mantém presos aos prazeres sensuais passageiros em vez de extrair a felicidade e o êxtase puros que residem dentro da nossa alma. Apenas o iludido persegue infinitamente os desejos e nunca chega a sentir a verdade ou a beleza da vida.

Aplicação na Vida Real

Você deve avaliar sua vida profundamente e, de maneira sincera, reconhecer quais ilusões guiam sua existência atual. A princípio, em razão do compromisso do seu ego com essas falsas crenças, pode parecer que elas sejam baseadas na realidade; mas se você examinar honestamente essas distorções do ego, a sabedoria que está dentro de você jamais mentirá. A partir daí, o seu principal objetivo é se livrar dos grilhões desse inimigo, simplesmente vivendo de acordo com a sabedoria da sua alma.

A essência do ego é a limitação.

SWAMI AJAYA

Meditação

Não viva dentro dos limites do ego. Saia dessa prisão enganosa e mesquinha e entre na luz infinita da verdade. Você deve sempre ter em mente que você não é o seu ego, mas, ao contrário, existe em união com a perfeição infinita do Universo. Nesse Universo não existem muros nem fronteiras, mas apenas possibilidades infinitas. Aventure-se constantemente e explore a liberdade e a tranquilidade que existem fora da prisão do ego.

Aplicação na Vida Real

Experimente o seguinte: monitore os diálogos interiores do seu ego por apenas três horas por dia. Mantenha sempre papel e caneta por perto para anotar o que seu ego lhe diz. Quais são os juízos que ele faz? Ele apoia os seus esforços? O que ele diz sobre quem você é? Ele é positivo ou negativo? Ele o motiva ou o critica? Isso é apenas um pequeno exemplo do que você pode responder. É de máxima importância que você escute com atenção e cuide do que acontece dentro de si mesmo. Depois desse experimento, decida se prefere viver segundo o ego ou se quer fazer contato com a sabedoria e o esplendor da sua alma.

A tarefa mais importante na vida é domar a mente.

SUA SANTIDADE, O DALAI LAMA

Meditação

Se você acalmar a turbulência da mente e cessar seus desejos infinitos, poderá verdadeiramente sentir a realidade absoluta do Universo. A mente lhe mostrará muitos e muitos caminhos, menos o da verdade. Inicie a jornada de se desapegar da sua mente e se harmonizar com a paz interior e a perspicácia da sua alma.

Aplicação na Vida Real

Comece a monitorar o modo pelo qual sua mente trabalha. Conscientize-se de todos os pensamentos, mas não se apegue a eles. Deixe que os pensamentos surjam e desapareçam silenciosamente, como folhas flutuando no riacho reluzente da sua consciência. Seus pensamentos não são você, são apenas pensamentos. Quando nos identificamos com a mente e o ego, nos perdemos no caos que há dentro deles. Vigie seus pensamentos sem deixar que eles controlem a sua vida. Permaneça na tranquilidade do Universo e escute a orientação dele; é o sussurro gentil e compassivo que vem do seu coração que guiará você à libertação e à iluminação.

Nossa Verdadeira Natureza

V

EXISTE UM TESOURO SAGRADO à espera de ser descoberto por aqueles que cessam a busca exterior pela felicidade e iniciam sua jornada interior. Tudo que você quer na vida já está disponível no âmago do seu ser. Dentro de você está a felicidade infinita, a paz eterna, a tranquilidade perpétua e a bem-aventurança extática. Você nasceu neste mundo como um indivíduo espiritual perfeito. Sua natureza ou essência verdadeira, seu coração, é nada menos que a perfeição suprema. Tudo o que você busca pode ser encontrado interiormente.

Pode ser que você não acredite em nada disso; existe uma razão muito lógica para a apreensão cética. Desde o momento que você nasceu, seu ego tem encoberto sua perfeição inata; esse ego quer que você esqueça a verdade da sua natureza essencial e siga o caminho dele, destrutivo e ilusório, cheio de desejos e apegos. Ele só quer que você continue sendo vítima do ciclo infinito de sofrimento que conhecemos como vida normal. Obviamente, essa filosofia de existência só é "normal" porque a maior parte do mundo opera sob a tirania do ego.

Felizmente, você tem opções: pode viver com esse senso ilusório de si ou descobrir a perfeição que abrange seu ser. A partir de agora, você pode acordar todas as manhãs com a intenção clara de viver sua vida sagrada em harmonia com sua natureza fundamental. Você pode decidir fazer da sua jornada uma jornada de exploração interior em vez de permanecer na sua busca exterior sem fim. Nesse caminho interior você descobrirá os tesouros inestimáveis que são a autonomia, a libertação e a felicidade pura.

Olhe para dentro de si. Aí está o segredo.

HUI-NENG

Meditação

Tudo o que você precisará na sua passagem pela vida está nas profundezas do seu ser. Você é munido de todos os recursos, mapas, diagramas e energia de que precisa para viver uma vida pacífica e com um propósito. Deve trabalhar com diligência e seguir o rumo determinado pelo seu eu superior para desempenhar o seu papel aqui na Terra. As respostas definitivas para as suas indagações de "por que" (aquelas sobre a existência, a felicidade, a paz ou o propósito da vida) sempre estarão além do seu alcance, simplesmente porque elas não existem fora de você. Todas essas informações estão dentro de você; você só precisa arrumar a bagunça interior para descobrir a chave que abrirá o seu potencial ilimitado.

Aplicação na Vida Real

Relaxe e mergulhe no seu oceano interior; descubra todo o potencial que lá habita. Contemple sua ligação com a alma do Universo e imagine as possibilidades que se abririam para você caso colocasse essa força em ação na sua vida. Nessa busca interior, procure no núcleo do seu ser e não faça perguntas ao seu ego. A existência do ego é baseada na limitação e no interesse próprio, ao passo que a sua alma vive em harmonia com a vasta energia do cosmos. Quando você procura a pureza e a essência do seu ser, o que encontra?

É digno aquele que volta à sua origem e permanece nela.

CHOU TUN-I

Meditação

O verdadeiro você deseja voltar à origem, à sua natureza pura. Quer se unir com a totalidade do Universo e abraçar a humanidade por completo. Sua alma deseja nada menos que o amor e a compaixão incondicionais. Tudo isso já está dentro de você, mas é encoberto pelas distorções criadas pelo ego. Livre-se das crenças falsas do ego e volte ao lar, à claridade e à inocência da sua perfeição espiritual.

Aplicação na Vida Real

Retorne à bem-aventurança do seu verdadeiro ser. A perfeição é a sua essência e de toda a humanidade, mas é encoberta pela névoa do ego. Sua alma é que o guiará de volta à sua terra natal. Escute seus sussurros gentis e permaneça atento aos sinais sutis que lhe são apresentados. Assim você retornará ao êxtase e à perfeição da sua essência.

*Quando alguém alcança a mais alta perfeição,
isso não é nada demais.
É apenas o seu estado natural.*

DITADO HINDU

Meditação

Sempre lutamos para alcançar a autorrealização, a iluminação e a perfeição. O que não percebemos é que, na verdade, a perfeição já está dentro de nós naturalmente. Nascemos perfeitos e livres neste mundo. Quando nosso ego se desenvolve, nos afasta desse estado de bem-aventurança e nos arrasta para a tirania das suas ilusões. Nosso objetivo é redescobrir nossa perfeição e deixar que a nossa luz novamente se irradie pelo Universo, como os raios fulgurantes do sol.

Aplicação na Vida Real

Identifique e desmascare as sombras que seu ego projeta sobre a vivacidade e a luminosidade do seu ser essencial. Tome nota dos padrões enganosos que o seu ego tenta usar em seu próprio interesse e comece a se desapegar dessas ilusões que o impedem de alcançar a liberdade. Pergunte a si mesmo o que é que encobre a sua natureza fundamental.

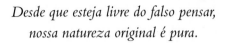

*Desde que esteja livre do falso pensar,
nossa natureza original é pura.*

HUI-NENG

Meditação

Quando nascemos neste mundo, nada somos além de pureza e inocência. Nossa alma escolhe um caminho para percorrer durante a vida. Porém, a sociedade tenta obstruir esse caminho e impedir nossa jornada. O caminho que você deve trilhar sempre estará dentro do seu verdadeiro ser. O seu maior objetivo é limpar toda a tralha e a ilusão que foram incutidas pela sociedade e dar a mão ao seu propósito sagrado.

Aplicação na Vida Real

Falsos pensamentos e crenças impregnam a nossa vida e são encorajados pela sociedade que nos cerca. As únicas coisas que podemos fazer para nos livrar do que é falso e entrar na verdade é monitorar nossos pensamentos e crenças por meio da contemplação e buscar entrar em harmonia com os princípios do Universo. Olhe para dentro de si, verifique quais pensamentos falsos o estão distanciando do seu verdadeiro eu e conscientemente decida-se a corrigir essa visão distorcida.

A felicidade é a sua natureza. Não há nada errado em desejá-la. O errado é procurá-la fora, sendo que ela se encontra dentro.

RAMANA MAHARSHI

Meditação

Bem fundo dentro do seu coração há uma joia que cintila com a iluminação, irradiando amor e compaixão incondicionais por todo o Universo. Esse tesouro interior é muitas vezes ignorado por causa da influência negativa do ego. As nuvens negras do ego quase sempre encobrem a luminosidade dessa joia brilhante. O que é essa joia? A resposta é simples: *Você*. Desenterre essa pedra preciosa e faça com que ela reluza sua beleza para todos com quem você entra em contato.

Aplicação na Vida Real

Onde você busca a felicidade na sua vida? Eu aposto que a maior parte da sua busca é fora de você, concentrada nos objetos externos ou nas outras pessoas. A surpreendente ironia da vida é que, na verdade, você já tem a felicidade e todos os outros sentimentos que não cessa de buscar. Eles já estão em você. Pare essa busca superficial por paz e felicidade e inicie sua jornada interior; o destino final dessa jornada é o contentamento eterno.

Nossa natureza essencial é habitualmente encoberta pela atividade da mente.

YOGA SUTRAS DE PATANJALI

Meditação

Nossa mente é a fiandeira das dificuldades da vida. Se vivermos simplesmente em harmonia com a pureza da nossa alma, nossa vida acompanhará os princípios do Universo. Sua vida não será sempre contaminada com julgamentos, desejos, raiva, ódio, egoísmo ou qualquer outra energia impura do ego. Livre-se dos grilhões do ego e, de maneira suave, permita-se dançar ao ritmo do Universo.

Aplicação na Vida Real

Tente se separar da sua mente por uma hora e observe atentamente essa experiência. Quando vier um pensamento, deixe-o ir embora e siga a orientação do seu ser essencial. Quais são os seus sentimentos? Quais pensamentos ficam aparecendo? Qual é a sensação de não ter que manter tudo sob controle? Nessa hora, simplesmente *seja*. Esqueça tudo o que você pensa que deve ser ou fazer. Deixe que a espontaneidade e a atenção plena o guiem.

Controle a mente em vez de ser controlado por ela.

DITADO ZEN

Meditação

Na nossa jornada, é imperativo aprender a usar a mente para o nosso benefício, em vez de sermos as vítimas da sua enganação e fúria. Você não é a sua mente. Entretanto, ela tentará lhe convencer que é a sua verdadeira natureza. Não se deixe enganar. Sua natureza pura está na sua alma. Cabe a você entrar em harmonia com seu ser autêntico e liberto.

Aplicação na Vida Real

Estabeleça a prática de sentar-se tranquilamente e observar o conteúdo e os processos da sua mente. Conheça melhor o modo como sua mente trabalha e passe a usá-la como um instrumento, em vez de ser arrastado pelo ponto de vista e pela percepção errônea dela. Não se prenda aos seus pensamentos nem os julgue enquanto estiver fazendo esse exercício. Apenas os perceba e deixe que eles passem.

As pessoas se tornam o que elas esperam vir a ser.

GANDHI

Meditação

Acreditar em si mesmo com todo o seu coração é o principal fator para o verdadeiro sucesso e para a iluminação na vida. Deixe de lado as crenças dos outros e o que eles esperam de você e acolha as possibilidades infinitas que sempre estiveram naturalmente dentro do seu ser. O que quer que você deseje na vida está ao seu alcance. A questão é perceber que você merece.

Aplicação na Vida Real

Pode parecer estranho, mas a maioria das pessoas não tem resposta para a seguinte pergunta fundamental: o que você quer da vida? Você sabe respondê-la? Se for capaz de visualizar claramente e com exatidão aquilo que quer, você estará no caminho certo. Por outro lado, se você se sente perdido no caos da vida, sem rumo e sem propósito, chegou a hora de se sentar e contemplar seu verdadeiro propósito na vida. Isso envolve fazer uma busca interior e ouvir a voz do Universo. Dentro do seu coração está o caminho que você está destinado a seguir. Fique em silêncio e ele se revelará.

*Quando você se contentar em simplesmente ser você
e não comparar nem competir,
todos o respeitarão.*

LAO-TZU

Meditação

Uma das grandes lições da vida é reconhecer que a sua verdadeira natureza é perfeita e que você não precisa fazer nada para que isso seja verdade. As únicas coisas que o afastam da verdade são as ilusões da sociedade, que você adotou. A perfeição e a liberdade estão enterradas sob o monte de lixo ilusório que seu ego criou. Descubra essas joias e deixe que elas emitam sua luz e amor por toda a humanidade.

Aplicação na Vida Real

Tire a máscara que você usa para se adaptar e se conformar ao modo de ser da sociedade. Isso não é a realidade. O máximo que ela pode fazer é afastá-lo ainda mais do significado supremo da vida. O modo ilusório com o qual somos ensinados e condicionados durante a vida encobre a nossa capacidade de entrar em verdadeira harmonia com "o único caminho verdadeiro". Descubra o ser precioso que você esconde. Viva agora como você mesmo, sem competições, sem comparações e sem entrar em conformidade com as falácias sociais. Viva, ame, cante, dance e aproveite o espírito livre que ficou jogado por tempo demais na caixa das ilusões do ego.

*Dentro da sua casa está o tesouro da alegria;
Então, para que pedir de porta em porta?*

DITADO SUFI

Meditação

Buscar a felicidade fora de nós mesmos é um desvio sem fim e insatisfatório do nosso caminho supremo para a iluminação. Se você tomar esse desvio, a viagem com certeza será árdua. Felizmente, você tem a opção de iniciar uma jornada interior que o colocará no caminho do contentamento verdadeiro e da paz interior. Dentro de você o tesouro mais belo espera para ser descoberto. Vá agora e desenterre as joias do seu ser puro.

Aplicação na Vida Real

Pense sobre o caminho que você vem trilhando na vida. Você aprecia e honra os dons que estão em você ou busca continuamente o prazer externo? Valoriza a família, os amigos e a sua ligação com a humanidade ou não lhes dá o devido valor? Avalie honestamente seu modo de viver e comece a fazer as mudanças necessárias *agora mesmo*! Tenha em mente que você nunca vai encontrar a paz e a felicidade que deseja em objetos ou situações externas ou em outros seres humanos. Elas têm que ser, e só podem ser, encontradas no interior.

Unidade / Unicidade

VI

POR TODO O UNIVERSO há um fluxo de energia onisciente que abrange e ama todas as coisas e une tudo e todos. Os taoistas o descrevem da seguinte maneira:

> *O grande Tao flui em todo lugar [...]. Tudo depende dele para viver, e ele não dá as costas a nada. Pode ser concebido como a mãe de tudo o que há debaixo do céu. Não sabemos seu nome, mas o chamamos de TAO [...]. Profundo e calmo, parece ter existido sempre.*

Essa energia potente e compassiva flui infinitamente, interligando todas as formas de vida, e sempre estará acessível se você decidir entrar em harmonia com ela. Infelizmente, somos condicionados a ignorar a interdependência e a interligação onipresentes no Universo. Nossa mente busca se desligar dessa unidade e viver fechada em si, com um sistema de crenças que insiste em superioridade, inferioridade, ignorância, uma atitude julgadora e a ambição sem sentido de criar exclusividade a todo custo. Essas crenças ilusórias às quais nos agarramos com tanta força ainda vão aniquilar a humanidade. A humanidade não pode existir se continuarmos a excluir alguns seres humanos com base em características e traços externos. Devemos nos unir com a consciência universal e com a raça única à qual pertencemos. Temos a responsabilidade de viver para o nosso propósito supremo; isto é, perceber a nossa conexão profunda e começarmos a nos ajudar mutuamente de todas as formas possíveis.

Eu o desafio a contemplar essa união divina e aplicá-la sinceramente no seu dia a dia. Estabeleça sua ligação com esse vasto campo de energia e permita que ele transforme sua vida numa jornada com um propósito, transbordando amor, compaixão e humildade incondicionais e intimidade humana. Transcenda os limites do comum, mergulhando nessa dimensão expansiva de possibilidades e milagres. Pratique a unidade a cada passo e elimine a exclusividade dos seus pensamentos e das suas ações.

A natureza não se apressa. Mesmo assim, tudo se completa.

LAO-TZU

Meditação

Seja paciente no Agora e deixe que o Universo o guie. Livre-se da urgência e da ansiedade que inundam sua vida e se permita sentir os efeitos relaxantes de centralizar-se na natureza. A vida não foi feita para ser puro estresse, ansiedade, rancor, medo, preocupação ou qualquer outra das energias negativas que nos bombardeiam todos os dias. Os seres humanos criaram esse modo de vida e a sociedade continua a viver dessa maneira; cegamente, seguimos. Volte para o curso natural do Universo, deleitando-se na paz e na tranquilidade da vida. Não é preciso assumir a filosofia de vida caótica da sociedade.

Aplicação na Vida Real

Como seria entrar no ritmo da natureza e se unir com a harmonia do Universo? Ao nos alinharmos com o fluxo de energia que nos cerca, nos rendemos à precisão e à harmonia da natureza, entrando em sintonia com o ritmo divino. Sente-se calmamente num lugar especial e sinta as vibrações da natureza percorrerem seu ser, como um rio fluindo no campo. Quando você se unir completamente com a dança perfeita da vida, sentirá a paz contida nas árvores, no céu, na relva e em toda a sagrada criação. Torne-se Uno com a obra-prima viva do Universo.

*Pare de se apegar à sua própria
personalidade e veja todos como enxerga
a si mesmo. Uma pessoa assim poderia ter o
mundo todo sob a sua responsabilidade.*

LAO-TZU

Meditação

Compreender e honrar verdadeiramente a união de todos os seres humanos é a percepção mais admirável e brilhante que alguém pode ter. A raça humana e o mundo todo são uma coisa só, e isso um dia será revelado a toda a humanidade. Entretanto, quanto mais cedo você perceber e começar a aplicar isso na sua vida, mais cedo você manifestará a mudança tanto em si mesmo quanto no mundo ao seu redor. Comece a viver essa revelação vital e transformadora hoje mesmo.

Aplicação na Vida Real

Caminhe na natureza e entre em comunhão com todas as suas experiências. Torne-se parte da paisagem; entre no fluxo agradável do vento e se imagine unido ao horizonte longínquo. Tudo o que existe é Uno. O Universo depende da cooperação e da interdependência de tudo e todos agindo juntos. Deixe-se participar do coração pulsante harmonioso do Universo.

Nenhuma cultura pode existir na exclusividade.

GANDHI

Meditação

Atualmente, o estado do Universo é desanimador e cheio de sofrimento por causa de uma única força destrutiva. Essa força é a exclusividade; em outras palavras, a ideia de separação é baseada em características externas e exclui seres humanos valiosos por causa de traços físicos e do ego. Esse estado mental é patético e insano. O único princípio que pode nos salvar dos efeitos devastadores da exclusividade é a pureza do amor. Isto é, uma demonstração de amor por toda a humanidade, assim como aceitar a unicidade de todos os seres vivos.

Aplicação na Vida Real

Contemple o fenômeno da exclusividade e avalie honestamente seu valor. Essa ideia faz algum sentido? Ser de uma cor, religião ou etnia diferente faz um humano ser pior ou melhor do que o próximo? Comece a viver sua vida compreendendo a união da humanidade. Transcenda a noção de diferenças físicas e quebre as barreiras que você construiu para se separar dos seus semelhantes. Isso certamente produzirá uma mudança duradoura na sua vida e afetará de modo decisivo o estado do Universo.

*O Universo nunca se separou do homem.
O homem se separa do Universo.*

LU HSIANG SHAN

Meditação

Mantenha a sua conexão poderosa com a fonte da criação e logo você perceberá a unidade absoluta de toda a vida. Existe uma energia espetacular e onipotente que flui vigorosamente por tudo e todos ao seu redor. Não é preciso viajar sozinho pela vida; a força compassiva do Universo existe e estará disponível para você *ad infinitum*. A sua responsabilidade consigo mesmo é permanecer em constante contato com esse poder inspirador em cada momento da sua vida.

Aplicação na Vida Real

Há uma e apenas uma pulsação cardíaca que conecta a totalidade do cosmos. Essa pulsação Universal é onipresente e está acessível a você a cada momento da sua vida. A escolha é sua tanto para entrar em comunhão com o coração do Universo quanto para viver sozinho no vazio sem vida do seu ego. O que você escolhe?

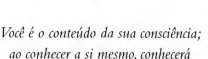

*Você é o conteúdo da sua consciência;
ao conhecer a si mesmo, conhecerá
o Universo.*

KRISHNAMURTI

Meditação

A separação em relação ao Universo não passa de uma ilusão inventada pelo seu ego. Resta a verdade suprema de que nós somos o Universo e que somos Uno com todas as coisas. A exclusividade é produto do pensamento social e não tem nada a ver com a natureza absoluta da vida. Ingresse no reino mágico da unidade. Assim, você descobrirá a essência única e eterna da criação.

Aplicação na Vida Real

Dentro de você está todo o conteúdo do Universo. A criação e a evolução estão bem no seu coração. Você traz em si a marca indelével da memória Universal e tem acesso instantâneo a esse conhecimento profundo. Quando mergulhar na vastidão do seu ser e ver o brilho que lá existe, sentirá então as águas relaxantes do mar eterno e majestoso do Universo. Essas águas infinitas estão lá para providenciar calor e conforto para a sua alma. Mergulhe e torne-se Uno com tudo o que existe.

*Quando encontrar alguém maior que você mesmo,
volte seus pensamentos para se tornar igual a ele.
Quando encontrar alguém menor que você mesmo,
olhe para dentro e examine a si mesmo.*

CONFÚCIO

Meditação

No momento em que acordamos, não existe ser humano superior ou inferior. Reconhecemos que somos todos iguais. As ilusões nas quais costumamos basear nossa vida são criadas pelo nosso ego exclusivista, que busca se desligar da energia unificada do cosmos. A Unicidade é a realidade suprema desse Universo. Não existe competição nem separação e não há diferença entre você e o resto da humanidade.

Aplicação na Vida Real

Não se posicione nem acima nem abaixo de qualquer outro ser humano que habita esta Terra. Se nos separarmos da igualdade natural da criação, obteremos apenas dor e sofrimento infindáveis, que acabarão obstruindo nossa própria jornada. Capte as semelhanças que existem entre todos os seres humanos; deem-se as mãos no ritmo harmonioso da vida. Reconhecer a unicidade da humanidade é demonstrar compaixão incondicional para com todos. Descubra o seu eu verdadeiro; assim, você descobrirá a realidade suprema do Universo.

*Muitos não sabem que estamos neste mundo
para viver em harmonia.*

BUDA

Meditação

Todos os seres que habitam este mundo fazem parte da alma única do Universo. Somos parte da dança Universal oniabrangente que não é nada senão a aspiração por harmonia e paz. A existência genuína conhece apenas a tranquilidade e o estar juntos, mesmo que a escuridão do nosso ego impeça que isso aconteça. Agora é o momento em que você deve se responsabilizar pela sua parte na dança e assim ajudar a levar o Universo de volta ao seu estado natural de harmonia.

Aplicação na Vida Real

Se você quer a harmonia na sua vida, tudo o que precisa fazer é optar por ela a todo momento. Ela está disponível em abundância para você. Não há motivo para buscá-la fora de si, já que ela é o próprio alicerce deste Universo. O necessário é que você decida deixar de lado as obsessões do seu ego por competição, desejo, apego e julgamentos. Deve deixar que essa névoa de ilusão desapareça da sua vida e começar a aceitar a harmonia em cada pensamento, sentimento e ação.

Tudo é Uno.

TCHUANG-TZU

Meditação

Há apenas um princípio que guia todo o Universo. Esse princípio é a unidade. Somos intimamente unidos à totalidade da criação e mesmo assim construímos cercas, barreiras, criamos rótulos e usamos infindáveis estratégias para nos separar uns dos outros o máximo possível. Por quê? Bom, a explicação simples é que o nosso ego quer ser especial. O fato é que somos uma peça muito especial e única do quebra-cabeça do Universo, sem sermos superiores a nada nem a ninguém.

Aplicação na Vida Real

Se você quer a paz, a felicidade e a liberdade, é vital que viva em harmonia com esse importantíssimo princípio de unidade. Isso representa definitivamente uma mudança de paradigma em comparação com a maneira com que a maior parte da humanidade vive. É fácil começar a praticar esse princípio sagrado: basta tirar a máscara de superioridade, quebrar as muralhas do ego e praticar a compaixão com seus semelhantes diariamente. Praticando o princípio da unicidade você conhecerá a paz e, acima de tudo, manifestará a paz em tudo o que faz.

Como um organismo feito de diferentes membros e órgãos, todos os seres mortais dependem uns dos outros.

PROVÉRBIO HINDU

Meditação

Nós, seres humanos, viajamos todos no mesmo navio e estamos todos na mesma jornada, que chamamos de "vida". Não seria maravilhoso se nos déssemos as mãos nessa jornada, ajudando uns aos outros nos sofrimentos e desafios da vida, e aproveitássemos nosso sucesso juntos, como um todo? Estenda a mão e sinta a paz e o êxtase de se unir com a raça humana enquanto vivemos e nos ajudamos coletivamente. A essência da espiritualidade é a união com o mundo à nossa volta.

Aplicação na Vida Real

Muitos vivem competindo uns com os outros, comparando conquistas, batalhando, julgando e se opondo aos seus companheiros em vez de viver e ajudar a evolução humana. Essa existência é solitária e frustrante. A vida não foi feita para criarmos nosso próprio mundo e nos abrirmos apenas para os poucos em que confiamos e a quem aprovamos. Somos seres sociais, e devemos viver em harmonia com um propósito interligado, propósito esse que é a evolução suprema da humanidade. Inicie a jornada de expandir seu mundo fechado e convide os outros a entrar. Conheça novas pessoas, avalie seus preconceitos e se una à divindade que se manifesta como a diversidade dos seres humanos.

Nenhum floco de neve cai no lugar errado.

DITADO ZEN

Meditação

Há uma palavra de sentido amplo que descreve a totalidade da criação: *perfeição*. Tudo e todos são unidos em uma entidade Universal perfeita. Essa união rítmica nunca erra. Quando nos unimos a essa fonte e descartamos as falsas crenças do ego, nos harmonizamos com nosso caminho preciso e também já não erramos. A vontade própria e o ego são obstáculos na nossa jornada. Temos a opção de domar essas feras e seguir o curso da energia Universal perfeita.

Aplicação na Vida Real

Existem muitos caminhos que podemos seguir ao longo da vida, mapeados por nossas crenças, desejos e visões de como o mundo funciona. Olhe com atenção o caminho que você está trilhando e decida se é o caminho da sua alma ou o caminho do seu ego. Um modo fácil de saber em qual você está é olhar a sua relação com o mundo à sua volta. Você é uma pessoa exclusiva que se separa dos outros ou aceita a sua ligação com a humanidade? Você acredita que há apenas um propósito no Universo ou tudo se resume à sobrevivência do mais forte? Você está unido à vida ou é um ser separado, egoísta, ocupado em abrir caminho à força rumo ao topo?

Simplicidade

VII

LAO-TZU NOS OFERECE a seguinte receita para viver uma vida de satisfação e sucesso: "Manifeste a franqueza, assuma a simplicidade, seja menos egoísta e tenha poucos desejos". Infelizmente, a nossa vida, a nossa sociedade e o nosso mundo são muito mais complexos do que isso e, normalmente, operam de maneira completamente oposta.

Pode ser que você diga que "É assim que as coisas são" ou que "O mundo é assim". Respondo que as coisas não precisam ser assim; podemos optar por assumir a beleza e a riqueza da simplicidade e viver de modo mais sereno e satisfatório. Nossa sociedade gulosa e complexa promove de algum modo o contentamento e a paz de espírito dos indivíduos que nela vivem? Se formos honestos, a resposta é definitiva e inegavelmente "não". O fato é que aparentemente, quanto mais complexa, tecnológica e exteriorizada a sociedade se torna, com mais frequência os problemas aparecem. Então, qual é a resposta? Bem, creio que a *simplicidade* oferece uma solução para o nosso dilema.

A simplicidade é a essência de qualquer prática espiritual. Complicar, acumular e analisar demais nos dá a sensação subjacente de estarmos esmagados. Esse estado de espírito ansioso e frenético é feito de ilusões destrutivas que, sutilmente, o afastarão da espiritualidade. Simplesmente ser, viver sem o caos das necessidades externas, é o caminho para a liberdade suprema e para a alegria pura.

A simplicidade está no seu coração. É a mesma simplicidade que tínhamos quando éramos crianças curiosas, apreciando pela primeira vez a beleza simples e as maravilhas dos nossos arredores. É viver o momento, sentindo toda a bem-aventurança e o êxtase que o Universo oferece. É explorar o mundo com fé, sem a preocupação, o arrependimento, a ansiedade e o egoísmo debilitantes e todos os outros condicionamentos que adotamos da sociedade. A simplicidade é aproveitar a essência pura de um objeto bonito e sentir a singularidade que há nele, sem a necessidade de acumular todos os melhores objetos do mundo para se sentir digno. Voltar a ser uma criança simples e inocente é se tornar um ser espiritual.

Não é fácil aplicar a simplicidade nesse mundo exageradamente complicado e intelectual, mas com certeza isso é viável. Devemos escapar suavemente dos desejos e necessidades do ego e começar a reconhecer que a vida não é o tamanho do nosso salário, o tanto de conhecimento que acumulamos, quão grande e exótica é a nossa casa ou quantos tipos de carros dirigimos. Assim como foi discutido na seção sobre a atenção plena, no início deste livro, a vida é apenas o presente; é existir aqui e agora, aceitando completamente quem somos e o que temos, e acreditar que isso é tudo de que precisamos para a verdadeira paz e felicidade na vida. A simplicidade é um recurso poderoso que o recompensa desde o início.

Thich Nhat Hanh oferece uma sugestão que o ajudará a aplicar a simplicidade na sua vida:

Não acumule riquezas enquanto milhões passam fome...
Viva com simplicidade e partilhe seu tempo, sua energia e seus recursos materiais com os necessitados.

Quem percebe que tem o suficiente é verdadeiramente rico.

TAO-TE KING

Meditação

Nosso apetite insaciável não se esgota. É um ciclo contínuo de sofrimento, que só nos causa mais fome, mais ansiedade e mais frustração. Simplesmente nos deixa mais vazios cada vez que percorremos esse ciclo destrutivo. Esse anseio é gerado pelo ego e não tem nada a ver com o espírito. É imperativo abandonar os desejos infindáveis do ego e entrar em harmonia com a energia perfeita da sua natureza real. Assim você descobrirá a satisfação e a serenidade genuínas.

Aplicação na Vida Real

Quanto é "o suficiente" na sua vida? Infelizmente, só você pode determinar isso. Apenas você pode estabelecer o limite. Pode ser que você aja sob a ilusão de que quanto mais conquista e possui, mais feliz e mais satisfeito se torna. Esse caminho é uma escolha. Entretanto, se você for honesto consigo mesmo, compreenderá quanto sofrimento essa filosofia causou na sua vida. A alternativa é permitir que a luz da verdade atravesse as nuvens do seu ego, levando-o a aceitar e entender que mais não é melhor. Descubra a paz, a tranquilidade e a satisfação que a prática da simplicidade traz para a sua vida.

*Uma árvore que preenche o abraço de um homem
cresce de uma plantinha; uma pirâmide de nove andares
é erguida de punhados de terra; uma jornada de mil milhas
nasce debaixo dos pés de uma pessoa.*

LAO-TZU

Meditação

Os grandes feitos começam com um salto e são criados em pequenos passos. Qualquer coisa que vale a pena ser manifestada na vida começa com um pensamento, seguido de uma ação específica, de pouco em pouco. As grandes obras-primas são pequenos trabalhos que, combinados, alcançaram a grandiosidade. Os trabalhos célebres não são concebidos e produzidos como que por milagre; todos resultam de determinação, persistência e paciência. Visualize e acredite no seu próprio trabalho de gênio e se una com a fonte celestial para manifestá-lo no mundo físico.

Aplicação na Vida Real

Todos os trabalhos geniais são criados na simplicidade. Sobrecarregar-nos com a complexidade e com tarefas desnecessárias é a forma mais fácil de cair na armadilha da estagnação e de deixar tudo para amanhã. Qualquer tarefa, seja ela comum ou não, consiste em passos simples do começo ao fim. Crie uma vida de simplicidade e viva por completo no presente eterno. Só assim você poderá ter tudo aquilo que imagina. Acima de tudo, você terá descoberto a paz e o contentamento de viver uma vida simples.

Há muito mais a se fazer na vida além de apressar seu ritmo.

GANDHI

Meditação

A vida tende a ficar mais rápida a cada dia que passa. O objetivo mais comum da sociedade é terminar as coisas o mais rápido possível e depois passar para a próxima tarefa, igualmente monótona e sem sentido. Corremos de um lado para o outro fazendo, fazendo e fazendo. A vida não se resume a terminar as coisas o mais rápido possível e riscar itens da sua infindável lista de coisas para fazer. Aceite e honre a natureza preciosa da sua vida hoje e deixe de lado a pressa da sociedade.

Aplicação na Vida Real

Comprometa-se a sair do caminho inconsciente e robótico que você vem trilhando e permaneça atento durante todas as suas atividades. Seja espontâneo e desapegado, divirta-se e, acima de tudo, seja você mesmo. Seja *você*, simplesmente. Não é preciso comprometer sua vida inteira para fazer isso; pratique apenas meia hora por dia no início, e depois comece a aumentar diariamente o tempo que você passa fazendo esse exercício. Consequentemente, ele se tornará parte da sua rotina, e finalmente você saberá como é viver de verdade.

*Não ter noção do quanto é suficiente
traz grandes problemas.
Querer demais traz grandes conflitos.
Quando soubermos quanto é o suficiente,
sempre teremos tudo de que precisamos.*

TAO-TE KING

Meditação

Agora, neste exato momento, faça sua mente parar de divagar e se concentre na satisfação que reveste cada aspecto da sua vida. É natural que o Universo lhe forneça em abundância tudo de que você precisa; infelizmente, muitos não percebem essa dádiva inestimável. Acolha as bênçãos que o cercam. Aqui, agora, neste exato momento, está tudo de que você precisa para ter paz e ser verdadeiramente feliz com a vida. Mergulhe no momento mais glorioso de todos, aquele no qual você está agora, e adentre o fluxo tranquilizante da Energia Universal.

Aplicação na Vida Real

Pare para considerar o que você realmente quer da vida. É importante que você faça essa pergunta ao seu coração e não ao seu ego. Seu ego sempre responderá: "Eu quero mais. Eu preciso de mais". Silenciosamente, escute e absorva as respostas da sua alma. Sua alma quer uma casa maior, outro carro, um relógio novo e um emprego melhor? Ou quer a simplicidade, a paz, a tranquilidade, o amor verdadeiro, um objetivo, um sentido, a compaixão e muito mais? Dentro de você está a capacidade de alcançar todos os desejos autênticos da sua alma; porém, antes você deve escolher entre tentar fazer o que o seu ego exige ou realizar os desejos da alma.

Deus não tem religião.

GANDHI

Meditação

A religião é um aspecto da vida que é interpretado e conduzido pelo ser mortal. A religião tem limites; ela é exclusivista, ela pune, julga e, acima de tudo, tem o potencial de nos separar da consciência que conecta tudo que existe no Universo. Na verdade, não existe religião – existe apenas uma alma universal da qual todos fazemos parte. Conecte-se agora à unidade que é o conjunto da criação.

Aplicação na Vida Real

A religião oferece companheirismo, conforto, estrutura e muitas outras qualidades que são importantes e ajudam na vida diária. Porém, cada religião específica é interpretada e concebida como "o único caminho" pelos seus seguidores, coisa que certamente é uma visão falsa e até mesmo perigosa. A religião também tem um aspecto de exclusivismo; ela fomenta a filosofia do "nós contra eles", que separa e desconecta os seres humanos da unidade subjacente do Universo. Quer você faça parte de uma religião estruturada, quer não, tenha sempre em mente que existem muitos caminhos que levam a Deus, à iluminação e à liberdade. Não siga uma doutrina ou dogma com uma rigidez tão forte que o faça esquecer dos aspectos vitais da humanidade. Seja qual for o grupo, a igreja, a sinagoga, a mesquita ou outra entidade qualquer de que você faça parte, o fato é que somos todos unidos uns aos outros.

Grande é o homem que não perde o espírito da infância.

BUDA

Meditação

Olhe nos olhos de uma criança. Você verá nada menos que a pura bem-aventurança. A maravilha e a inocência da mente liberta sempre se encontram nas crianças. Viver com a mesma alegria e curiosidade que viveria uma criança, a cada momento, é a única forma de viver verdadeiramente. Ver tudo à sua volta como novidade é acolher a natureza preciosa da vida.

Aplicação na Vida Real

Contemple os milagres e os mistérios profundos da vida. Pense sobre o processo pelo qual um ser humano passa desde a concepção até o nascimento e daí para a maturidade: do esperma e do óvulo ao crescimento profundo dentro da mãe, daí ao milagre do nascimento, à infância e além. É um processo milagroso que normalmente sequer levamos em conta. Visualize a vida de uma flor desde a semente até o lindo desabrochar, uma divina obra de arte. Lembre-se de ver a vida como uma criança inocente; assim, você não deixará passar nem o menor milagre.

Ao pensar, mantenha a simplicidade.
No conflito, seja justo e generoso.
Ao governar, não tente controlar.
No trabalho, faça o que gosta.

LAO-TZU

Meditação

Essa sabedoria, expressada tão sucintamente por Lao-Tzu, é totalmente contrária à estratégia que a maior parte dos seres humanos aplica no seu dia a dia. Por quê? Simplesmente porque vivemos pelo ego em vez de viver pelos princípios que são a essência da nossa alma. Essa ilusão que encobre a nossa alma deve ser transcendida. Você tem duas opções: seguir o caminho do ego ou trilhar a via da sabedoria, que está inscrita no seu DNA.

Aplicação na Vida Real

Avalie a sua vida com a sabedoria de Lao-Tzu, como foi dito acima. Quando você pensa, você o faz com clareza e simplicidade ou fica obsessivo e cria turbulência na sua mente? Você pratica a justiça e a generosidade com todos os seres com os quais entra em contato, ou é egoísta e os julga? Você tenta controlar as pessoas e as situações que fazem parte da sua vida ou você se rende à harmonia da natureza e pratica a paciência? E, por fim, você segue a paixão e o propósito internos que nasceram com você ou está preso numa rotina inconsciente e tediosa? Responda a essas perguntas com sinceridade e honestidade e decida se você quer continuar no seu caminho atual ou se gostaria de criar uma vida mais feliz.

O riso relaxa e o relaxamento é espiritual.

OSHO

Meditação

A espiritualidade pura consiste no êxtase bem-aventurado e no riso animador da alma. A vida espiritual nunca é chata, estagnada ou tediosa; é espontânea e cheia de aventuras. Ela transborda felicidade e surpresa. Entre no mundo espiritual e deixe para trás o mundo material; o seu coração e a sua alma o recompensarão por essa decisão com uma felicidade genuína e duradora. Sua sede de satisfação verdadeira e infinita será saciada quando você beber do cálice luminoso do espírito eterno e amoroso que permeia o Universo.

Aplicação na Vida Real

Adote o contentamento e o humor a cada momento da vida. Aprenda a rir de si mesmo e dos desafios que aparecem para você. Sorria diante das adversidades e saiba que é esse o estado natural do seu ser verdadeiro. Faça de sorrir para os outros um hábito, e permita que a sua felicidade interior se difunda por toda a humanidade.

Pare e saiba.

CHÖGYAM TRUNGPA

Meditação

A calma e o simples ato de *ser* trazem a paz e a serenidade e permitem que o Universo o guie gentilmente em sua preciosa jornada. A consciência universal espera pacientemente que você saia do caos do mundo ilusório e penetre no corredor universal da quietude. Entre em harmonia com a fonte pura da criação; assim você sentirá como é estar verdadeiramente vivo.

Aplicação na Vida Real

Uma das tarefas mais espirituais na vida é descobrir a calma no meio do caos à nossa volta. Nós temos esse poder. Ninguém pode nos obrigar a nos envolvermos no caos da sociedade e nos melodramas da vida diária. Você tem a capacidade de entrar no estado inerente de equanimidade e fugir do ruído que preenche o seu ambiente. Pratique a tranquilidade em tudo. Quando você for interrompido pelo ego, simplesmente tome nota da intrusão e volte à calma e à tranquilidade do Universo.

A simplicidade é a coisa mais difícil de todas.

SWAMI AJAYA

Meditação

O segredo da iluminação é perceber que a essência da vida é a simplicidade e que devemos praticar essa filosofia em cada momento com o qual somos abençoados. É aí que se descobre a bem-aventurança. Infelizmente, quase todos os seres humanos questionam esse ponto de vista e continuam intelectualizando e complicando a vida. Não há problema nisso, mas antes de escolher seu caminho, a pessoa deve experimentar todas as possibilidades. Condenar um dos caminhos sem ter experiência nele é viver uma vida de ignorância. Pode ser que você esteja condenando justamente o caminho que o libertaria do sofrimento.

Aplicação na Vida Real

Dedique um dia da sua vida para viver completamente no momento, aceitando tudo o que aparece na sua experiência diária. Viva de maneira simples, com a sua alma. Permita que a energia oniabrangente do Universo o leve em seu fluxo de simplicidade e felicidade. Deixe que os pensamentos e intelectualizações passem, como passam as nuvens. Viva no Agora e simplesmente seja você, aqui mesmo, sem ter para onde correr ou onde se esconder. Só você e o momento presente, aproveitando a intimidade da vida.

Compaixão

VIII

NOS ENSINAMENTOS BUDISTAS, o símbolo da compaixão é a lua brilhando no céu enquanto sua imagem é refletida em centenas de vasilhas de água. A lua simplesmente brilha, sem julgar nem esperar algo em troca. Como os raios do sol, que dão vida a tudo, a lua brilha sobre toda a humanidade. A compaixão é exatamente isso. Na sua forma pura, ela é imparcial, não julga nem pede nada em troca. Dentro de você existe uma fonte de compaixão incondicional à espera de ser libertada. Se existe algo que pode salvar a humanidade do círculo vicioso no qual está presa, com certeza esse antídoto é a compaixão. Compaixão na vida é apenas dar, ajudar, se importar, aceitar e expressar a bondade em todas as oportunidades que você tiver. É perceber e aceitar a ligação íntima que você tem com o Universo, e doar seus recursos interiores de forma altruísta para a melhora da humanidade. É para isso que estamos aqui!

Chögyam Trungpa, no livro *Cutting Through Spiritual Materialism*,[*] diz que "Os atos de compaixão são eternos; vivem para sempre

---

[*] *Além do Materialismo Espiritual*, publicado pela Editora Cultrix, São Paulo, 1987.

brilhando pelo Universo". Essa citação exemplifica quão vital é agir com o coração compassivo a cada momento que vivemos e respiramos. Uma única boa ação pode iniciar um processo que transforma a humanidade. Quando agimos no dia a dia, é de suma importância estarmos atentos e escolhermos o caminho da compaixão em vez de seguir o caminho do ego. Faça cada tarefa com amor incondicional e compaixão. Assim, você completará seu propósito aqui na Terra.

*Se você soubesse o que eu sei sobre o poder
de dar, você não deixaria passar uma única refeição
sem partilhá-la de alguma forma.*

BUDA

Meditação

A partilha e a doação são o fundamento da vida e o segredo da felicidade pessoal. Os seres humanos foram criados para dividir com o mundo, e é por meio do ato de dar que recebemos os dons preciosos da serenidade e da alegria íntima. O ato de doar toca o nosso coração e recupera a nossa energia a cada dia, para que possamos continuar contribuindo com a humanidade. Doar é um ato de amor altruísta e incondicional à humanidade. Aquele que dá sinceramente, de coração, será recompensado em abundância. Ajudando os outros, ajudamos a nós mesmos.

Aplicação na Vida Real

Faça da doação uma prioridade na sua vida. Não o faça pensando apenas no ato material, mas doe com o seu ser interior. Elogie os outros, sorria, dê bom-dia e simplesmente aja de forma compassiva. Tudo isso é dar. Doe a si mesmo constantemente e você perceberá o poder do qual Buda fala. Receber é humano, mas dar é divino.

Se você quer a felicidade por uma hora – cochile.
Se você quer a felicidade por um dia – vá pescar.
Se você quer a felicidade por um mês – case-se.
Se você quer a felicidade por um ano – herde uma fortuna.
Se você quer a felicidade por toda a vida – ajude os outros.

PROVÉRBIO CHINÊS

Meditação

Você pode continuar buscando os prazeres externos ou pode optar por sentir o êxtase interior. A criação da vida que você deseja é fundamentada no propósito básico da humanidade, se unindo com todos os seres humanos e estendendo a mão e o coração sempre que outro ser humano estiver sofrendo ou apenas precisando de um amigo. Ajudar os outros é o caminho da iluminação e o ajudará a alcançar o sucesso. Se você tiver de realizar apenas uma coisa na sua vida, que seja se livrar do egoísmo e doar-se por completo aos outros.

Aplicação na Vida Real

Comece a ponderar como você pode contribuir pessoalmente com a humanidade de forma regular. Se você já faz isso, aplaudo a sua dedicação à humanidade e o desafio a acrescentar uma nova dimensão à sua compaixão. Seja criativo. Se você não age diretamente para transformar a humanidade, por favor considere esta sugestão: doar a si mesmo para os outros é o maior dom que você tem. A razão de estarmos aqui é ajudar nossos semelhantes. Vá em frente e dê o seu toque pessoal à transformação milagrosa do Universo.

*A menor boa ação é melhor
do que a maior boa intenção.*

PROVÉRBIO JAPONÊS

Meditação

Por costume temos a intenção de realizar muitos feitos na vida. Sonhamos, fantasiamos e imaginamos tudo o que desejamos ser e conquistar. Muitos vivem a vida toda dessa maneira, para depois sentir pena de si mesmos e cair no desespero quando começam a se afogar no arrependimento e no remorso no fim de uma existência vazia. Comece a agir de acordo com as suas intenções. Assim, as oportunidades infinitas da vida se abrirão para você e enriquecerão até a mais monótona das tarefas.

Aplicação na Vida Real

Pare de simplesmente ter vontade de mudar sua vida e o mundo. Comece realmente a agir, transformando suas intenções verdadeiras em ações, e crie o *você* que mudará a sua vida e o mundo à sua volta. A menor mudança na sua energia tem o poder e a capacidade de criar a revolução da humanidade. Suas boas ações carregam uma vibração positiva que é sentida por todo o Universo. Comece a fazer o trabalho da sua alma agora; não há hora melhor. A cada vez que você tiver uma boa intenção, adote o hábito de rapidamente converter essa intenção numa ação que mudará o mundo.

*Uma única palavra de paz
é melhor do que mil palavras inúteis.*

BUDA

Meditação

Tagarelar a esmo virou o modo de ser do nosso mundo. Falamos e não ouvimos; fingimos que ouvimos, mas na verdade estamos pensando no que falaremos a seguir, e quando não estamos falando com os outros, falamos conosco mesmos de forma destrutiva e desmoralizadora. Fale menos, ouça mais, e busque usar pensamentos e palavras bondosos nas suas conversas com os outros e consigo mesmo.

Aplicação na Vida Real

Fique atento ao que fala para si mesmo e para os outros. Você só fala por falar ou faz alguma diferença quando se comunica? Quando conversa interiormente, você fala em nome do seu ego ou dá voz à sua alma? Podemos tanto nos comunicar com a mente, o que normalmente redunda num bla-bla-blá sem sentido, quanto nos comunicar pela alma, que fala com clareza, significado e objetivo. Expresse-se por completo pela sua alma e a verdade será descoberta.

*Ser amado profundamente por alguém lhe dá força;
amar alguém profundamente lhe dá coragem.*

LAO-TZU

Meditação

Verdadeiramente dar a si mesmo para outra pessoa é um risco imenso. Entretanto, dos grandes riscos vêm as grandes recompensas. Abrir-se e doar-se por completo a outro ser humano é o maior ato de amor que pode existir. Seu coração almeja sentir e dar o amor incondicional que ele foi criado para dar e receber. Alimente seu coração e você florescerá como uma rosa que nasce nos caminhos da eternidade.

Aplicação na Vida Real

A capacidade de dar o seu amor incondicionalmente aos outros seres humanos é o maior dom do caminho espiritual. Amar é viver de verdade. Seu coração contém uma quantidade infinita de amor que foi feito para ser espalhado livremente por toda a humanidade. Como os raios amorosos do sol que brilham sobre todos os seres sem julgá-los, sem preconceito nem parcialidade, nosso amor foi criado para ser irradiado da mesma maneira. Se você cultivar e espalhar o seu amor por todas as direções, suas vibrações poderosas terão um efeito duradouro sobre toda a humanidade.

A minha vida é a minha mensagem.

GANDHI

Meditação

A sua vida expressa um propósito e um significado específicos? Ou você vaga pela vida buscando o máximo de prazer sensorial nos objetos passageiros desejados pelo ego? O sucesso não se encontra nas coisas, mas sim em descobrir o sentido da nossa vida e nossos propósitos pessoais e únicos. Para que viver se não há significado algum por trás da nossa jornada? Felizmente, cada ser humano que nasce tem um propósito inato e pré-programado nas fibras do seu ser. Livre-se do véu que a sociedade jogou sobre você e embarque no propósito que já existe em você. É assim que a vida realmente começa.

Aplicação na Vida Real

Qual é a sua missão espiritual? O que a sua vida diz para o mundo? Você se satisfaz com o caminho que escolheu ou há um caminho interior melhor que deseja cultivar? Formule as respostas para essas perguntas pondo por escrito uma "Declaração de Intenções" para a sua vida aqui na Terra. Escreva seu propósito, a missão da sua vida e como você conseguirá completar esses objetivos. Isso funcionará como um guia para a sua jornada diária.

Nem o fogo nem o vento, nem o nascimento nem a morte, podem apagar nossas boas ações.

BUDA

Meditação

Durante a vida, cada ação positiva com a qual contribuímos para o Universo dura para sempre. A energia da compaixão e do amor emanada do seu ser flui eternamente por tudo e todos. Suas boas ações transformam a humanidade por inteiro e são uma inesgotável fonte de inspiração. Você sempre será recompensado pelas "ações corretas" que decidir fazer na sua jornada diária.

Aplicação na Vida Real

A cada momento do dia, procure as inestimáveis e abundantes oportunidades de contribuir para a transformação da humanidade. Em cada dia, há no mínimo uma possibilidade de boa ação esperando apenas que você a perceba e a realize. Renuncie às exigências do ego e harmonize-se com a energia altruísta da sua alma. Compartilhando amor e compaixão, você descobrirá o propósito supremo e o significado da sua vida.

Se você fizer o bem, será feliz.
Se fizer o mal, você mesmo sofrerá.

SUA SANTIDADE, O DALAI LAMA

Meditação

Por mais que pareça lógica e baseada no senso comum, a maior parte dos indivíduos não aplica a simplicidade da citação acima na sua vida diária. Se você quer a felicidade, escolha as ações certas no cotidiano; se quer o sofrimento e a insatisfação, continue a se comportar de um modo que você sabe que é falho e cheio de egoísmo. É simples assim. Bons pensamentos, crenças e atos manifestarão o crescimento e a felicidade na sua vida, ao passo que maus pensamentos, crenças e atos manifestarão um ciclo contínuo de sofrimento.

Aplicação na Vida Real

Como você pode ver, não há nenhum segredo místico e profundo nessa filosofia. Mesmo assim, ela é válida e extremamente confiável. Cultive a bondade no seu coração, na sua mente e na sua alma e você viverá a vida dos seus sonhos, com equanimidade e contentamento. Se você deixar que a negatividade permaneça dentro de você, terá uma vida caótica e sofrida. É simples assim; pare de buscar novas filosofias intelectuais, pois, mesmo que você chegue a encontrá-las, elas jamais serão suficientes; sua busca será incessante.

> *Bondade e amor para todos os seres;*
> *compaixão para os que sofrem;*
> *regozijo e simpatia para os que são felizes;*
> *e a equanimidade, uma calma penetrante.*

BRAHMA VIHARAS

Meditação

O amor, a bondade, a compaixão, a felicidade e a tranquilidade são os nutrientes vitais para o cultivo da sua alma. A alma é eterna, onipotente e onisciente. Contudo, a sua evolução espiritual depende do cultivo e do desenvolvimento dessa energia preciosa que permeia o seu ser. Viva em harmonia com esses princípios profundos e assim viverá a felicidade natural de se unir à alma do Universo. Você pode dizer que isso é simples demais, mas se você se alinhar com essa filosofia e praticá-la, não mais questionará sua veracidade.

Aplicação na Vida Real

Aventure-se no interior do seu coração e aceite os verdadeiros sentimentos de amor, bondade, compaixão, felicidade e equanimidade. Banhe-se na paz que essas coisas lhe proporcionam e deixe que essa energia poderosa emane de você, se espalhando por toda a humanidade. Visualize a luz que irradia do seu coração, e junte-se à unidade sempre presente no Universo. Essa é a sua ligação divina. Nutra, purifique e cultive essa ligação direta e viverá a iluminação que sempre esteve e sempre estará viva dentro do seu ser.

*Não há necessidade de templos
nem de filosofias complexas.
O cérebro e o coração são o nosso templo:
nossa filosofia é a bondade.*

SUA SANTIDADE, O DALAI LAMA

Meditação

A compaixão e a bondade têm a capacidade de salvar o mundo. Um simples ato de bondade pode transformar a humanidade. Então, por que é tão difícil sermos bons com os nossos semelhantes? Descubra o amor e a bondade que permeiam o seu ser e aproveite esse estado natural. Deixe que essa energia poderosa emane da sua alma.

Aplicação na Vida Real

Cada ser humano que habita esta Terra tem dentro de si quantidades infinitas e puras de amor e de bondade, e é dotado da capacidade de transformar o Universo. Comece a irradiar a bondade verdadeira que está presente na sua alma; assim, você começará a vê-la refletida nos outros. Saia da prisão que a sociedade criou e deixe que a sua essência prospere. Você tem a opção de sair por aí e ficar espantando os outros com a máscara do seu ego ou pode ser autêntico, transpirando a bondade por todos os poros.

Raiva e Ressentimento

IX

A RAIVA E O RESSENTIMENTO são as duas armas mais poderosas e violentas que o ego possui em seu arsenal. Astuciosamente, elas fomentam a guerra dentro de nós e destroem tudo e todos que entram em seu caminho. São maliciosas, pois se apresentam como instrumentos que fazem bem para a nossa vida ao passo que, na realidade, não são úteis de forma alguma. A raiva e o ressentimento sempre provocam feridas em quem está apegado a esse estado de ser e nos indivíduos que cruzam seus destrutivos caminhos. Você pode justificar e explicar a existência delas, mas saiba que esse é o perigoso e enganoso jogo do ego ilusório. Não se deixe enganar!

Para evitar mal-entendidos, esclareço que não estou dizendo que é errado ou ruim sentir raiva ou ressentimento. São emoções normais que certamente sentiremos uma hora ou outra. Porém, nosso maior objetivo é não fazer nada além de observar esses sentimentos, sem julgá-los nem se apegar a eles, minimizando assim o mal que eles podem causar. Se deixarmos que a raiva apenas vá embora logo depois de chegar, não causaremos destruição na nossa vida e nem na dos outros. A implementação desse processo de "deixar a raiva sumir" impedirá essa tortura incessante que é o ressentimento, permitindo que você sinta com mais intensidade a felicidade e a tranquilidade de cada momento da vida.

Então, como lidar com os raivosos à nossa volta? Em primeiro lugar, usar a raiva contra a raiva não é a solução, absolutamente. Gera-se assim um aumento exponencial de raiva que culmina em agressão, ira e violência. A única maneira eficaz de lidar com a raiva é reagir a ela com amor e compaixão, como foi discutido no Capítulo VIII. A raiva não é páreo para a força poderosíssima da compaixão em ação. Esforce-se em cada momento para eliminar os efeitos nocivos da raiva e do ressentimento na sua vida, e sinta o calor e o conforto que o amor e a compaixão proporcionam.

*O fogo que você acende para o seu inimigo
queima você mais do que a ele.*

PROVÉRBIO CHINÊS

Meditação

O inferno da raiva queima o interior do coração e da alma. Quase sempre essas chamas inúteis e maldosas são alimentadas por dias, meses, anos e até mesmo décadas antes de serem extinguidas. Deixar que a raiva e o ressentimento contra outro ser devorem a sua alma a esse ponto é um desperdício da sua preciosa vida. Não desperdice nem sequer mais um instante da sua jornada no caminho tolo e desastroso da raiva.

Aplicação na Vida Real

Qual o motivo de guardar a raiva e o ressentimento por tanto tempo? Por acaso eles são produtivos, satisfatórios, restauradores ou acrescentam algo ao significado da vida? Dão paz, contentamento ou ajudam na sua passagem para o desenvolvimento espiritual? A verdade é que eles não fazem nada produtivo para você, para a situação nem para a vida. Esse fogo destrutivo dentro de você não corrige nenhuma injustiça. O fato é que ele é perigoso emocional, mental, física e espiritualmente. Quando as centelhas da raiva começarem a aparecer dentro de você, imediatamente faça algo para eliminar quaisquer prejuízos que elas possam causar.

*Segurar-se à raiva é como agarrar um carvão em brasa
com a intenção de jogá-lo em outra pessoa.
– quem se queima é você.*

BUDA

Meditação

Alimentar a raiva e o ressentimento é um ato autodestrutivo e contraproducente para seu desenvolvimento pessoal e espiritual. Não há espaço para guardar a raiva dentro de você. Não estou dizendo que não deve sentir raiva. A raiva, como qualquer outra emoção, é natural e comum para o ser humano, mas agarrar-se a ela e não deixá-la passar é a maneira errada de viver. Ela tomará conta da sua vida e espalhará uma névoa densa sobre a energia luminosa que está dentro de você. Não se queime por causa da ignorância dos outros; em vez disso, simplesmente deixe que a raiva passe através da luz e da amplitude que preenchem a sua alma.

Aplicação na Vida Real

A raiva é produto do ego e, é claro, pode causar grandes complicações em toda a sua vida. A raiva afeta negativamente sua saúde física e mental e corrói o seu ser espiritual. Enquanto você tiver contato com o ego, sentirá algum tipo de raiva. Entretanto, isso não significa que precisa reagir de forma destrutiva ou tentar silenciar essa emoção. Na verdade, você pode canalizar a energia destrutiva da raiva para alguma energia produtiva e positiva. Pode liberar essa energia em muitas coisas, como escrever, pintar, começar um projeto relacionado à raiva ou simplesmente transformá-la em motivação e determinação para o desenvolvimento pessoal e espiritual. Seja criativo!

Aqueles que são livres de pensamentos de ressentimento certamente encontram a paz.

BUDA

Meditação

O ressentimento corrói a alma, deixando espaço apenas para o ódio e a raiva. Seu espírito vai se erodir se você deixar que essa raiva e esse ódio permaneçam dentro de você por muito tempo. Busque imediatamente a solução se quiser ter tranquilidade e contentamento em sua vida. Não deixe que a doença da raiva encubra quem você realmente é. Liberte-se das amarras do ódio, do ressentimento e da fúria. Assim, e somente assim, você sentirá a bem-aventurança e a tranquilidade que repousam no seu coração.

Aplicação na Vida Real

O ressentimento é uma daquelas coisas da vida a que não podemos nos dar ao luxo de nos apegar. Existem também, é claro, incontáveis indivíduos neste mundo que transbordam ressentimento por tudo e por todos aqueles com quem já entraram em contato. O que sentem essas pessoas? Infelicidade, frustração, raiva, ódio, solidão e isolamento – e esses são apenas alguns dos sentimentos menos ruins. O ressentimento não faz nada pelas suas relações ou situações pessoais, a não ser assombrá-lo enquanto você não decide se livrar dele. Faça uma lista dos seus ressentimentos e, aos poucos, esforce-se para resolvê-los e perdoar. Você merece sentir a paz, sem a tortura do ressentimento.

*Quando alguém se encontra sob o domínio da raiva,
essa pessoa perde as características
de um ser humano.*

SUA SANTIDADE, O DALAI LAMA

Meditação

A raiva é potente e enganosa o suficiente para destruir a humanidade. Ela desperta todas as coisas ruins do ego, como a irracionalidade, a impiedade, o ódio, o medo e uma quantidade infinita de energia destrutiva. Quando sentir raiva, é vital que você resista a se agarrar a ela e, em vez disso, deixe que ela flua através de você como as ondas do mar. A raiva, quando em movimento contínuo, se dissolve sem destruir nada, mas no minuto que você se agarra a ela e a deixa se multiplicar em seu interior, começa a devastação. A raiva continuará a se reproduzir dentro de você e deteriorará a sua parte sagrada.

Aplicação na Vida Real

Na vida, quando você está solitário e frustrado e sente raiva, faça questão de lidar com ela de forma competente e efetiva. Envolva-se com as pessoas que conhece e expresse o que você pensa e sente. Converse com os seus semelhantes para poder exterminar essa doença venenosa de dentro do seu precioso ser. É necessário se purificar a cada vez que a raiva tenta se alimentar do seu ego. Livre-se desse refúgio rápida e eficientemente para poder viajar livre pelo caminho do espírito, sem desvios destrutivos.

*Quando familiarizamos nossa mente com o amor
e a compaixão, a força da raiva vai diminuindo.*

SUA SANTIDADE, O DALAI LAMA

Meditação

A raiva é produto do seu ego exigente e inseguro. Sem parar, ele exige ser visto, ouvido e obedecido e, quando não recebe aquilo que deseja tão intensamente, ele tenta aniquilar você por dentro. A explosão interior de raiva é a forma astuciosa do ego de fazer você sofrer. Se você aceitar o amor e a compaixão que emanam da sua alma e nutrir esses sentimentos, a raiva prontamente cederá. A raiva não é páreo para a potência do espírito amoroso do Universo.

Aplicação na Vida Real

Alimente a sua alma com energias positivas de amor, bondade, compaixão e benevolência. Fique alerta nos portões do seu ser em busca de pensamentos, crenças, sentimentos e ilusões de caráter negativo. Quando esses visitantes indesejados chegarem, gentilmente os leve para fora do seu território e faça-os saber que não são bem-vindos. Praticando esse exercício com constância, você vai cultivar o jardim exuberante da sua alma.

*Alguns são como crianças grandes
machucando os outros sem nem mesmo o perceber.
Sentir raiva desses tolos é o mesmo que ficar bravo
com o fogo por ele queimar.*

BUDA

Meditação

Aceitar os indivíduos mais ignorantes em vez de resistir a eles e entrar em conflito é um dos recursos mais úteis. Se você consentir em permanecer com raiva dos outros, retardará o crescimento e obscurecerá a luminosidade do seu ser. Esforce-se para aceitar aqueles à sua volta que tendem a causar a raiva e o ressentimento, e certamente você virá a conhecer a paz interior. O simples ato de aceitar "o que" as coisas são e "quem" as pessoas são é a solução para todas as nossas dificuldades. Quando você tenta mudar os outros e a realidade, a paz se torna impossível de obter.

Aplicação na Vida Real

A aceitação requer estar aqui e agora; ser uno com o momento e aceitar a realidade, sem tentar combater o inalterável. Essa é a tarefa mais difícil se você vive de acordo com a crença de que controla o mundo e os outros seres humanos. Sua primeira tarefa é perceber que você tem controle apenas sobre si mesmo; essa é a extensão do seu domínio. A aceitação é quase impossível de entender para aqueles que creem que têm poder sobre tudo. Entretanto, quanto mais cedo você começar a aplicá-la na sua vida, mais pacífico e saudável se tornará.

Ser injustiçado não é nada,
a menos que você grave esse fato na memória.

CONFÚCIO

Meditação

O seres humanos têm essa capacidade incrível de lembrar claramente de cada ato negativo já cometido contra eles. Infelizmente, tendemos a esquecer as boas ações que nos são feitas e a ajuda compassiva que recebemos diariamente. Guardar ressentimentos resulta na lenta decomposição do nosso espírito e na incapacidade de realmente sentir a bem-aventurança e a tranquilidade verdadeiras na vida. Da próxima vez que alguém agir de maneira negativa em relação a você, tente, para o seu próprio bem, perdoar essa pessoa. Não deixe que mais nenhum momento precioso da sua vida seja encoberto pelas más ações dos outros.

Aplicação na Vida Real

Os indivíduos neste mundo são feitos de uma personalidade superficial que age como uma máscara ou véu, encobrindo a sua verdadeira essência. Essa superfície não é real; mas, infelizmente, é para ela que a maior parte dos indivíduos do Universo dão prioridade quando lidam com seus semelhantes. Debaixo dessa máscara está o verdadeiro ser, a essência ou alma daquela pessoa. Cada um de nós transborda amor, compaixão e perfeição – é a personalidade criada pelas ilusões do ego que obscurece a pureza que reside no coração de cada ser humano. Na próxima vez que você for injustiçado, use a sabedoria da sua alma e olhe através da personalidade (ou ego) que o machucou e, para variar, apenas veja e sinta a essência daquele ser humano.

*Na prática da tolerância,
o inimigo é o melhor professor.*

SUA SANTIDADE, O DALAI LAMA

Meditação

A paciência e a tolerância são os principais ingredientes da vida espiritual. Ser tolerante do fundo do coração com todos os seres humanos é realizar a unidade da humanidade. Ser paciente é deixar que a Inteligência Universal faça a sua magia cósmica. Para que a pressa se, afinal, tudo é perfeito se você simplesmente deixar que assim seja? Essas duas virtudes não são fáceis de praticar no mundo caótico em que vivemos. Porém, será possível praticá-las se você fizer uso do amor e da compaixão que compõem o seu ser e os oferecer aos seres humanos que se lhe opõem. Esses supostos inimigos são humanos e, como você, sentem dor e raiva, são controlados pelo ego e cometem erros.

Aplicação na Vida Real

Durante a nossa passagem pela vida, é certo que confrontaremos indivíduos que vemos como ameaças e inimigos. Contudo, em vez de permitir que essas pessoas tenham controle sobre você, é muito mais eficaz e mais satisfatório vê-los como professores. Eles foram colocados no seu caminho por uma razão e para que você aprenda uma lição específica. As opções são duas:

1. Você pode reagir ao seu inimigo de forma destrutiva e dar a ele o que ele quer, causando consequências negativas na sua vida.

2. Você pode praticar a paciência e a tolerância e aprender sobre si mesmo e sobre a vida com o seu "inimigo". A escolha é sua. Você deve decidir se quer a paz e a harmonia ou o caos e o conflito.

Quando a raiva chegar, pense nas consequências.

OSHO

Meditação

Reagir impulsivamente e com raiva, em qualquer situação, só gera turbulência no seu mundo interior. É crucial buscar a orientação da sabedoria do Universo antes de agir com raiva. Sua ligação mais direta com essa sabedoria é a sua respiração; respire de maneira suave e deixe que a sabedoria flua calmamente pelo seu ser. Assim, e só assim, você reconhecerá que a ação certa é a compaixão e não a fúria.

Aplicação na Vida Real

Existem alguns passos pertinentes a se dar ao confrontar uma situação que cause raiva. Primeiramente, limite-se a tomar consciência dos sinais da raiva no seu corpo e na sua mente. Não a julgue, apenas a perceba. Deixe-a lá enquanto você começa a respirar fundo e se unir com a inteligência divina do Universo. Quando você começar a se acalmar, imagine a sua raiva como uma névoa negra dentro de você e faça-a sair suavemente pela respiração. Pode ser necessário repetir esse processo, mas com certeza ele se provará muito mais eficaz do que o ato de imediatamente reagir com fúria.

*Que permaneçamos livres do ódio
entre as pessoas que odeiam.*

BUDA

Meditação

Permitir que o ódio habite o invólucro sagrado do seu ser levará à destruição de muitas vidas. O ódio cria o ódio e se espalha como um câncer, matando tudo em seu caminho. Combater o ódio com mais ódio é o modo mais devastador de agir. Busque emanar a bondade e a compaixão do seu coração àqueles que trazem o ódio ao mundo. Essa é a única solução verdadeira e correta.

Aplicação na Vida Real

Você odeia alguma pessoa na sua vida? Isso o ajuda a viver da melhor maneira possível neste exato momento? Aumenta a sua felicidade e completa as experiências da sua vida? Bem, chegou a hora de se livrar dessa doença debilitante que infecta o seu ser. Tire proveito da compaixão que se encontra em abundância no seu coração e comece a concentrar essa energia restauradora na pessoa que é alvo do seu ódio. Isso pode ser difícil no começo, mas se você persistir nessa prática, logo o ódio desaparecerá da sua vida.

Morte

X

URANTE a fase de desenvolvimento da vida, a maior parte dos seres humanos é condicionada a acreditar que a morte é "ruim". É o "fim", é "definitiva" e não deve estar presente nos nossos pensamentos matinais nem ser discutida com os outros nas nossas conversas diárias. Acima de tudo, não queremos que a morte chegue cedo demais para nós ou para nossos entes queridos. Assim, existimos sob o peso desse medo e dessa trepidação, vivendo uma vida desprovida de consciência e liberdade. Nossas crenças e pontos de vista em relação à morte são essenciais na vida; é importante avaliar os mitos sociais que recebemos e em que fomos obrigados a acreditar sem questionamento durante a vida. É impossível entender de maneira clara o que a morte realmente é sem ter a consciência dessas falsas crenças. Certamente a morte não é esse momento negro no fim da vida, quando a alma é engolida para nunca mais viver.

Se a morte não é o momento mais horrível da vida, sempre à espera de nos enterrar nas profundezas da terra para não mais sairmos, o que é ela, então? Em primeiro lugar, peço que você dê uma olhada na perfeição do Universo que o cerca. Faz algum sentido que você, que foi uma célula e, por milagre e quase inacreditavelmente, virou um ser humano extraordinário, terá de envelhecer inapelavelmente até um dia ser enterrado e deixar a existência para todo o sempre? De modo algum. A morte é muitas coisas, mas não é o fim. É apenas mais um momento na vida infinita da alma. É parecida com os outros momentos misteriosos da vida; ainda que, bem no momento da morte, você faça uma transição para uma dimensão mais elevada de existência – uma dimensão na qual você continua a evoluir na sua jornada pessoal de crescimento e desenvolvimento. Infelizmente, não posso dar detalhes explícitos, pois esse é um processo individual, mas posso lhe garantir que você se sentirá em casa nesse novo reino de existência. E aqueles à sua volta que morrem, eles não o deixam. É fato que eles abandonaram a forma física, mas esta não passa de um veículo temporário para o espírito. A comunicação persiste se você permanecer aberto aos vários canais de comunicação existentes no Universo. Lembre-se, você é parte de uma consciência Universal que sempre permanecerá unida; assim, a comunicação sempre é possível.

A morte também age como uma poderosa catalisadora, que tem a capacidade de melhorar a nossa vida física atual. A morte é uma grande mestra, que nos ensina a viver cada momento por completo, já que não sabemos quando a nossa transição pode vir a acontecer. A morte dá significado; quando agimos com coragem e confrontamos a realidade da morte, reforçamos a nossa motivação de viver com mais consciência e um propósito mais claro. Por fim, a morte gentilmente nos persuade a agir agora em vez de deixar as coisas para amanhã. A morte é inevitável e virá no devido tempo; a tarefa que cabe a você é fazer o melhor possível aqui e agora, e assim, quando a morte chegar, você vai estar preparado para dar o próximo passo na jornada eterna da alma.

*Quando a morte chega não há diferença
entre a forma com que morre o rei,
deixando seu reino,
e a forma com que morre o mendigo,
deixando seu cajado.*

SUA SANTIDADE O DALAI LAMA

Meditação

Todos nós entramos neste mundo e deixamos a dimensão física da mesma maneira. Esse é o decreto universal de igualdade e união entre a raça humana. Contudo, a certa altura as coisas saem dos trilhos e somos condicionados pela sociedade a acreditar que somos melhores ou piores do que os outros, com base em características superficiais e externas, como a aparência, os bens materiais, a fama e a fortuna. Assim perpetuamos nosso modo de vida exclusivo, nos separando da humanidade mais e mais a cada dia. Não fomos criados para viver desse modo.

Aplicação na Vida Real

Com certeza, em algum momento da vida você deixará o seu corpo físico; isso é, na verdade, um fato. Minha pergunta final a você é: "O que você fará para a humanidade e para o Universo enquanto estiver vivendo neste domínio?" Acumulará posses que são passageiras e sem significado ou dará generosamente os dons do seu coração e da sua alma para o benefício de todos os seres? A escolha é sua. É inevitável que você morra, mas será que algum dia você saberá o que significa estar plenamente vivo?

*Se realmente encararmos a realidade,
não sabemos o que virá primeiro:
o amanhã ou a morte.*

SUA SANTIDADE, O DALAI LAMA

Meditação

Bem aqui. Agora mesmo. Este exato momento, cheio da presença amorosa do Universo, é tudo o que você tem de garantido nesta vida. O amanhã, a semana que vem ou até mesmo o próximo momento podem nunca se materializar. Crie uma aventura divertida neste instante; não há nem futuro nem passado. Na verdade, a vida é feita do agora.

Aplicação na Vida Real

Imagine-se mergulhando no vasto oceano da existência e se banhando nas águas restauradoras do momento presente. Acorde e se abra para as sensações do *Agora*. O agora é tudo o que você tem, apenas este único momento milagroso. Você pode ser chamado para voltar à origem a qualquer momento, então não se esqueça de que "Estou aqui e agora. O momento presente é tudo o que existe". Você deve repetir esse mantra para si mesmo e tirar a vantagem máxima de existir completamente no presente. Pode ser que esse seja seu último momento, então faça dele um momento especial.

*Podemos ir para debaixo da terra, para o mar
ou para o espaço, mas nunca evitaremos a morte.*

DITADO BUDISTA

Meditação

A morte é um aspecto crucial da vida humana que normalmente ignoramos até o momento em que bate à nossa porta. O que você teme? Se contemplarmos e começarmos a entender a realidade da morte, certamente acolheremos essa experiência quando chegar a hora. O que há de tão triste em se mudar para o reino espiritual depois de ter terminado o que você nasceu para fazer?

Aplicação na Vida Real

Comece a contemplar e a se esforçar para aceitar a inevitabilidade da morte. Reconheça a realidade de que um dia você morrerá, não importa o que você faça para evitá-lo. Uma vez que você comece a trilhar o seu caminho a cada dia, aceitando a vida e não temendo a morte, sentirá verdadeiramente a bem-aventurança que o Universo lhe proporciona. A morte não é um castigo severo. Pelo contrário, é um momento de celebração para a sua alma, apenas mais um passo na viagem eterna do seu espírito.

*Quando nasceu, você chorou
e o mundo se alegrou.
Viva a sua vida de modo que,
quando você morrer, o mundo chore
e você se alegre.*

DITADO INDIANO

Meditação

A distinção que fazemos entre a vida e a morte certamente não é baseada na verdade. É apenas produto do nosso condicionamento no mundo. A vida e a morte não se opõem, são unidas. A morte é somente mais um momento ou aspecto da jornada eterna da nossa alma. Aceite e acolha a oportunidade de transição para uma outra dimensão de vida. Não há necessidade de se encher de medo ou terror. Pode ser que o mundo esteja triste pelo *você* físico ter partido. Porém, insisto que você entre no templo da morte com o coração aberto, pois não é capaz de sequer começar a imaginar o que lá lhe está reservado.

Aplicação na Vida Real

Crie seu plano para viver verdadeiramente durante o tempo que lhe resta. Mantenha-se concentrado no seu novo *Plano de Vida*, porque isso é tudo o que existe; a morte é apenas a passagem para outra fase da nossa existência. O que você planeja dar a este mundo quando chegar a sua hora? O que quer completar antes de partir?

Essas são as perguntas essenciais nas quais deve se concentrar. Quando você tiver escrito o seu *Plano de Vida* personalizado, será a hora de começar a agir. Lembre-se: você não sabe se estará neste domínio por décadas, anos, meses ou mais alguns momentos. Ponha o seu plano em ação agora e não esmoreça.

*A vida é a viagem e a morte,
o retorno ao lar.*

PROVÉRBIO CHINÊS

Meditação

A morte virá quando você tiver concluído por completo a sua missão nesta esfera física de existência. Não se aflija, não se entristeça e não se desespere; você será bem preparado e o mundo espiritual lhe dará as boas-vindas com imenso amor e compaixão. Sua forma física e o mundo onde você vive são apenas uma paradinha no processo evolucionário da sua alma. Valorize cada momento precioso, pois não terá a oportunidade de vivê-lo novamente. Além disso, deixe uma parte do seu coração para trás, pelo benefício da humanidade.

Aplicação na Vida Real

Disponha-se a aproveitar cada passo da sua jornada e a doar do seu coração de toda maneira possível. Você ficará aqui na Terra por pouco tempo. Sendo assim, deve saborear todas as experiências da vida com o máximo da sua capacidade. Elimine as preocupações, o medo e todas as outras energias negativas que o impedem de aproveitar a vida. O passado e o futuro não existem. A sua jornada está acontecendo *agora*, então não desperdice nem sequer um segundo em algo que não seja viver de modo puro, aberto e compassivo.

*Se você fosse morrer agora
e pudesse dar apenas um telefonema,
para quem ligaria e o que diria?
E o que está esperando para fazê-lo?*

STEPHEN LEVINE

Meditação

Neste exato momento, para quem você precisa expressar o seu afeto incondicional? Quem precisa perdoar? Com quem precisa se desculpar ou apenas mostrar que se importa? Contemple por um momento que você pode morrer hoje, no fim do dia. Quem você contatará e o que dirá? O que você não terminou na sua vida? Lembre-se, o único momento que você tem garantido é este que está acontecendo agora; a sua ilusão de imortalidade não passa de sonho. Seu último suspiro pode estar batendo à porta.

Aplicação na Vida Real

Ligue para as pessoas importantes na sua vida, ou visite-as. Faça questão de expressar o seu amor por elas o mais constantemente possível, e pare de pensar que elas sempre estarão aí. Nunca deixe para manifestar depois o amor e a compaixão do seu coração pelo Universo. Viva *agora* e será eternamente grato e livre de arrependimento.

*Enquanto o coração se entristece pelo que perdeu,
o espírito se alegra pelo que restou.*

EPIGRAMA SUFI

Meditação

A tristeza é um processo normal na vida, no qual devemos participar por completo. A tristeza acontece quando perdemos qualquer coisa pela qual criamos afeição. Mas as experiências mais comuns de tristeza envolvem a morte das pessoas que mais amamos. Não lamentamos a morte, e sim a nossa perda e a nossa crença de que elas se foram para sempre. Isso não é a realidade; é um condicionamento que pegamos da sociedade, parecido com muitas outras crenças ilusórias que adquirimos e mantemos durante a vida. A morte é apenas mais uma fase do ser. Mesmo que um ser amado se vá, ele sempre estará com você se aceitar e honrar a ligação eterna que existe pelo Universo afora.

Aplicação na Vida Real

Rememore e celebre a morte de um ente querido que passou para o reino espiritual. Comece sua comunicação com uma carta simples, dizendo o que você sente verdadeiramente por aquele que você ama, o que você gostaria de ter dito durante o seu tempo juntos aqui na Terra e qualquer outra coisa que você sente que precisa expressar. Faça isso sempre que sentir que deve. Você também deve começar a falar com seus entes queridos por meio da meditação ou de orações. Se você se sentar calmamente e se ligar à consciência do Universo, começará a sentir a sua conexão e novamente será abençoado com a presença dos seres amados.

Se você refletir sobre a morte e sobre a impermanência, começará a dar sentido a sua vida.

SUA SANTIDADE, O DALAI LAMA

Meditação

Cada segundo da vida é muito precioso e crucial no processo evolutivo da alma. Se passarmos a aceitar a nossa eventual partida do mundo físico, passaremos a entender quão sagrada é nossa vida é. Há de fato uma possibilidade remota de que você não esteja por aqui para terminar de ler este livro, para dizer a um ente querido que o ama ou para ver seus filhos avançarem na vida. Essa é uma realidade que normalmente guardamos nas profundezas do nosso ego iludido. Essa armadura de ilusão nos impede de valorizar cada momento como o aspecto mais divino que podemos viver.

Aplicação na Vida Real

Fuja das nuvens do desentendimento e gentilmente renda-se ao presente eterno na sua vida diária. Passe a viver cada momento como se fosse o último. Deixe que os dons espirituais do propósito, do significado, do amor e da compaixão sejam a área mais vital na sua consciência diária. Exista aqui e agora – do modo que você é – e lembre-se da impermanência desta vida física. Você nunca mais será abençoado com um momento sequer parecido com este.

*A morte não é a grande inimiga,
pelo contrário, torna-se a grande mestra.*

STEPHEN LEVINE

Meditação

Não afogue o seu ser no medo irracional da morte criado na penitenciária da sua mente. Tudo o que essa atividade faz é privá-lo da liberdade e da experiência reconfortante de viver verdadeiramente. O acontecimento da morte é apenas mais um momento para se experimentar abertamente a eternidade da alma. É, na verdade, o momento esplêndido no qual você entra nos corredores da outra esfera do caminho evolucionário da alma. Reconhecer, entender e aceitar a realidade da morte é viver a pureza e a essência da vida em si.

Aplicação na Vida Real

O que a morte significa para você? Você a teme ou apenas exclui o pensamento da sua mente como se ela nunca fosse alcançá-lo? Pense sobre a maneira com que você vê a morte e a descreva por escrito. Contemple e medite sobre o seu ponto de vista específico. Ele é plausível? Acrescenta algo à sua vida? Ele o impede de estar presente e saborear os momentos? Por fim, o que o medo da morte de fato faz para você? Comece a enfrentar o seu medo irracional da morte agora mesmo e inicie uma nova vida repleta de liberdade, presença e contentamento, e não uma vida cheia de preocupação, temor e desilusão.

Hoje, serei libertado da prisão central para sempre.

RAMANA MAHARSHI

Meditação

A citação acima é um exemplo interessante da perspectiva que um ser liberto tem da morte; com certeza um ponto de vista profundo e fascinante a ponderar sinceramente na sua vida. Nosso ego encarcera a nossa alma com todos os seus desejos, apegos, julgamentos e com a sua busca incessante por exclusividade. Se você é parecido com a maior parte dos seres humanos que habitam esta Terra, também se esforça para polir as barras da prisão que você mesmo criou, só para apresentar um exterior "brilhante" para todos os seus companheiros de cela. Não espere pela morte para se libertar desse cárcere. Use a libertação disponível dentro do seu ser interior e escape dos grilhões do ego.

Aplicação na Vida Real

Para se livrar das amarras do ego, você deve primeiro reconhecer que está preso. Os seus desejos e apegos sem-fim por posses ilusórias contribuem para a sua liberdade pessoal? Eles o mantêm escravizado a uma vida de constante busca por mais e mais coisas que na verdade são aquilo que o escravizam? Se você está satisfeito com o seu estado atual, não mude nada. Por outro lado, se busca a verdadeira liberdade e a paz sem limites, deve avaliar sinceramente a sua prisão. Decida-se a agir, para que assim possa escapar das correntes restritivas e provar da liberdade deliciosa que espera a sua presença.

Iluminação

XI

QUANDO VOCÊ ESCUTA PELA PRIMEIRA VEZ a palavra iluminação, muitos conceitos diferentes surgem na sua mente. Pode ser que você pense que a iluminação é reservada para os santos, sábios, monges e para todos os outros incontáveis rótulos que são dados aos seres libertos ou aos que transcenderam o modo de vida "comum" humano. Você talvez veja a iluminação como sendo um estado extraordinário que exige uma vida de constante meditação numa caverna; desse modo, você a exclui instantaneamente como opção na sua jornada espiritual. De fato, existem muitas definições, descrições e processos associados à palavra "iluminação" pela literatura filosófica e pelas religiões. Boa parte dessas informações é articulada numa linguagem intelectual, complexa e desgastante, que tende a afastar o indivíduo normal, alguém como você e eu, da busca pela iluminação ou libertação. Por isso, vou expressar aqui a iluminação nos meus termos; termos simples, breves e que estão disponíveis para qualquer ser humano que caminha sobre esta Terra.

A iluminação não é algo que podemos descobrir na nossa busca externa por prazer. A iluminação não está nos bens materiais, no dinheiro, no prestígio, na fama ou no poder. Ela sempre existiu dentro de você e sempre será parte de todo ser humano. Na realidade, cada indivíduo é e sempre será iluminado ou liberto; apenas é necessário perceber e cultivar essa iluminação na vida diária. Então, por que não vemos e vivemos assim, se assim somos? Bem, há uma névoa escura sobre o nosso ser liberto, criada pelas ilusões do ego e pelo falso condicionamento do mundo à nossa volta. O nosso ser verdadeiro, infinito e iluminado foi encoberto pelo ego, que nada mais deseja senão nos roubar a perfeição que nascemos para ter.

Debaixo do manto negro do ego há um ser luminoso que irradia amor, compaixão e paz por todo o Universo. Essa é a perfeição que existe no nosso coração. Se descobrirmos esse ser, poderemos nos banhar no calor e na tranquilidade da iluminação. Ser iluminado é apenas a capacidade de mergulhar no momento, esse que você está vivendo agora, e entrar em harmonia com a unidade de tudo o que nos cerca. É estar aqui e agora, sem os apegos e as ilusões do ego. É mergulhar no presente, sem viver o passado ou o futuro ilusórios. É começar uma aventura espontânea cheia do significado, do propósito e da pura alegria que já estão presentes na sua alma. Você pode já ter vivido todas essas coisas ao apreciar a beleza milagrosa de um pôr do sol, ao passar um tempo inestimável com seus filhos ou ao fazer algo de que você realmente gosta. Sim, essas coisas são vislumbres da iluminação. São os momentos em que você parou de intelectualizar, reclamar, criticar, julgar e de se separar do mundo. Durante esses momentos, você foi libertado do sofrimento que você mesmo criou e que costuma intensificar, e entrou em comunhão direta com o Universo. Você foi o Universo. O Universo foi você. Os raios de luz banharam de repente o seu ser iludido e lhe permitiram saborear a doçura da libertação. Felizmente, isso tudo está disponível para você permanentemente. Você pode ter a iluminação a qualquer momento. Você é a iluminação, e é iluminado.

*Quando você perceber como tudo é perfeito,
balançará a cabeça e rirá para o céu.*

BUDA

Meditação

Não é difícil perceber a precisão que está contida neste Universo milagroso. Basta apenas que você abra os olhos da alma e contemple a magnificência e a impecabilidade naturais do que está à sua volta. A perfeição e a harmonia estão disponíveis em abundância neste momento; para encontrar a perfeição basta apenas se desligar dos desejos do ego e se banhar no oceano cheio de bem-aventurança da sua existência natural.

Aplicação na Vida Real

Reserve uma hora do dia para olhar intensamente para cada criação espetacular que o cerca no seu ambiente natural. Olhe para o céu e admire a sua perfeição. Sinta o calor tranquilizante do sol ou a sensação revigorante do ar fresco. Olhe para as árvores e imagine o seu crescimento a partir da semente; uma simples semente que se tornou bela e esplêndida depois de crescer. Entre em sintonia com a vibração da atmosfera e banhe-se na energia milagrosa de onde foi feito o Universo. Termine este exercício sem o ego, sem a mente racional e sem o condicionamento da sociedade. Apenas sinta a presença deste momento. Una-se com o que o cerca e se perca na vastidão da vida. Isso é a perfeição. Nada de desejos, apegos ou expectativas. Sem lugar para ir, nada para ser, nada a fazer. Apenas sinta o que existe na perfeição do Agora.

*Podemos comparar a luminosidade
do espírito supremo
com o esplendor de mil sóis
aparecendo subitamente no céu.*

BUDA

Meditação

Os seres humanos costumam se privar do brilho e da luminosidade da energia compassiva do Universo ao se alimentar da sombra agourenta da natureza ilusória e maligna do ego. Essas ilusões nos mantêm presos na escuridão e na névoa criadas pela mente julgadora e pessimista. Abra a sua alma para a natureza radiante do Universo e deixe que ela alimente o seu ser por completo.

Aplicação na Vida Real

Devemos mergulhar no nosso mundo interior e honestamente fazer um inventário completo do que aí encontrarmos, para descobrir o que nos impede de sentir a exuberância natural do Universo. Quais segredos e erros nos privam de viver e ser o que realmente somos? O objetivo do ego é bloquear a luz, mantendo você enterrado na escuridão do passado e no medo do futuro. Descubra as sombras do seu ser e entre no brilho do presente.

*A libertação não é algo que você alcança.
É a sua essência inata.*

STEPHEN LEVINE

Meditação

Buscamos incessantemente pela liberdade e pela iluminação durante a jornada da vida. De fato, você as está buscando agora mesmo enquanto folheia estas páginas; eu as busco escrevendo este livro, enquanto os seus vizinhos podem estar buscando-as no álcool, na fama, nos bens materiais e no prestígio, entre outras coisas. Tudo o que começamos é apenas uma busca por significado, propósito e paz – uma missão espiritual, por assim dizer. Contudo, enquanto você empreender essa busca fora de si mesmo, ela não terá fim. Você pode ganhar momentos artificiais de felicidade ou êxtase por meio de prazeres sensuais temporários, mas repito que tudo isso acaba e a perseguição do seu ego volta com ansiedade e frustração intensificadas. O ciclo continua até o infinito. Pare imediatamente essa busca infrutífera e descubra a fortuna extraordinária que existe dentro de você.

Aplicação na Vida Real

É óbvio que você começou a sua busca interior pela libertação. Caso contrário, não estaria usando este livro como fonte de pesquisa. É imperativo que você continue essa busca interior todos os dias e elimine o máximo possível de distrações e apegos externos.

Simplifique a sua vida e confie que o seu Eu Superior lhe mostrará o caminho para a liberdade. O único modo verdadeiro de escapar do sofrimento é fazer contato com a libertação que sempre esteve dentro do seu ser. Nada, absolutamente nada fora de você o libertará das limitações, dos desejos e da agonia que preenchem o seu ego.

*Para despertar, é necessário parar de se identificar
com os melodramas que o cercam.*

SWAMI AJAYA

Meditação

O nosso mundo é feito de um grande drama criado pelas ilusões emaranhadas de todos os egos humanos. Somos levados por esse filme de crenças falsas e enganadoras e nunca escapamos da sua devastação. Felizmente, há uma saída dessa produção inventada pelo ego humano; essa saída é seguir o caminho da pureza e da verdadeira realidade da alma. A nossa alma conhece apenas a verdade e a tranquilidade. Cale o ego e entre na dimensão da alma.

Aplicação na Vida Real

Observe os dramas que se desenrolam no mundo à sua volta. Contemple-os como um forasteiro e não se permita ser arrastado para dentro deles. Na verdade, vale a pena prestar atenção ao humor e à falta de sentido desses dramas criados pelo ego que tomam tanto do nosso tempo. Comprometa-se a se desapegar dos dramas que acontecem à sua volta e que retardam a sua capacidade de viver a verdade, em vez de se envolver com essas invenções da sua mente ilusória.

Mesmo eu tendo lhes mostrado os meios para a libertação, saiba que ela depende apenas de vocês.

BUDA

Meditação

Existem muitos caminhos para a libertação ou para a iluminação. Nenhum é "certo" ou "errado". Contudo, há um pré-requisito: você deve praticar e aplicar com coerência e determinação os princípios do caminho escolhido. Ninguém pode fazer isso por você. Adquirir o conhecimento, recitar a literatura e todas as suas boas intenções são inúteis se você não vive os princípios do caminho.

Aplicação na Vida Real

Responsabilize-se pelo seu caminho rumo à iluminação e implemente uma prática necessária na sua rotina. Entre em comunhão com a natureza depois de um dia cansativo, medite ao acordar de manhã ou comece a rezar regularmente; qualquer prática que você inicie na vida e que faça parte da sua rotina certamente o guiará para onde você deseja estar. Dê o primeiro passo e avance rumo à iluminação que está escondida dentro da sua alma.

O homem com coragem exterior desafia a morte.
O homem com coragem interior desafia a vida.

LAO-TZU

Meditação

A coragem é uma virtude necessária e crucial se você quiser trilhar um caminho espiritual na sua vida. O medo, a dor, as provações e as adversidades são inevitáveis durante a sua jornada interior. Você deve se tornar um guerreiro espiritual e se dispor a ir a qualquer lugar para prosseguir no seu caminho de descobrir e viver a verdade. A sociedade e o ego juntos criarão estratégias tentadoras para ganhar essa batalha e conquistar você. Porém, se persistir com determinação e fé, sua alma prevalecerá.

Aplicação na Vida Real

Esta batalha não é travada com raiva e ódio. A batalha espiritual é feita de coragem interior e compaixão. Devemos acolher e amar os nossos inimigos e honrar os obstáculos em nosso caminho rumo à iluminação. Comprometa-se com essa batalha cheia de compaixão e amor e persista na sua evolução espiritual até que você manifeste a harmonia e a unidade em todos os aspectos da sua vida. Isso é vencer.

*Ter liberdade é não ter para onde ir,
nada a possuir e nada a ser.*

STEPHEN LEVINE

Meditação

A iluminação é alcançada num piscar de olhos, no momento em que você se torna capaz de viver completamente no Agora, livre do passado, do futuro, dos desejos sensoriais e das ilusões. É simplesmente ser livre na vastidão do aqui e do agora, e aceitar a sua ligação com toda a humanidade. Una-se com o Universo sem julgar, sem medo, sem preocupação, sem expectativas nem apegos. Transcenda a separação do seu ego e sinta como é *existir*, uma sensação que você partilha com tudo o que o cerca. Aceite tudo o que há neste momento. É simples assim, mas nós adoramos complicar.

Aplicação na Vida Real

Comece a aplicar isso lentamente à sua vida, mas com regularidade. Consinta em deixar de lado a voz apreensiva do ego e permita que a liberdade sature o seu ser. Não planeje nada, não compre nada, não deseje nada e não seja nada senão você mesmo da forma mais pura. Siga espontaneamente pelo dia sem nenhum plano rígido ou direção; apenas *exista*, como o ar que preenche o Universo. Siga o sussurro suave da sua alma e banhe-se na libertação que isso lhe dá. Lembre-se – pratique aos poucos, já que se trata de algo muito diferente da falsa realidade com a qual você se acostumou.

Vá para a vastidão, para o infinito e aos poucos aprenda a confiar. Deixe que a vida o leve.

OSHO

Meditação

Há uma oscilação milagrosa de energia amorosa que permeia o Universo, fluindo por tudo e por todos. Essa fonte poderosa é perfeita e atua como um guia gentil e compassivo na sua jornada; tudo se resume em se render a essa força. Solte-se e deixe que essa energia espetacular banhe o seu ser por completo com o calor e a compaixão; assim, você sentirá a bem-aventurança e o êxtase da liberdade.

Aplicação na Vida Real

Em vez de batalhar pela ilusão mundana de controle, erga as mãos e se imagine sendo guiado gentilmente pelas mãos da fonte de energia do Universo. Você não precisa mais ser o gerente universal. Agora você pode viver, do modo que é, e deixar que essa força onipotente o carregue para o seu objetivo sagrado.

O Estado Supremo existe sempre no presente, agora.

ADYASHANTI

Meditação

A incapacidade de perceber o poder e a importância do agora é o maior defeito do ego humano. Essa deficiência nos mantém presos na escuridão da ilusão. O nosso ego nos engana de forma consistente e severa, seguindo o caminho da ilusão do tempo; esse caminho nos prende ao passado e ao futuro, que não são reais. A jornada do ego só nos promete o arrependimento, o desespero, a ansiedade e um anseio sem-fim por desejos externos e passageiros. A jornada do presente infinito oferece a pura bem-aventurança, o êxtase e a iluminação. Como disse Ram Dass: "Viva aqui, agora".

Aplicação na Vida Real

Quer você queira, quer não, todo momento é agora e você sempre estará aqui. A escolha de admitir esse fato e viver no momento é e sempre foi sua. Você pode continuar na ilusão do tempo e sofrer, ou você pode estar presente no aqui e no agora e conhecer a paz. O "segredo" da vida não é um segredo. Já foi indicado por muitas pessoas desde o começo dos tempos: "Viva no Agora"; "Esteja presente"; "O presente é uma dádiva"; "Hoje é tudo o que você possui"; e assim vai. O problema simplesmente é que escutamos essas palavras e dizemos: "Nossa, é verdade", mas depois deixamos que essa verdade passe e voltamos à ilusão do mundo. Repito o segredo que não é segredo: viva no presente e será livre. Aplique isso à sua vida se quiser se libertar; ou decida não aplicá-lo, volte à prisão da ilusão e permaneça preso.

*Aquele que conhece os outros é sábio;
aquele que conhece a si mesmo é iluminado.*

LAO-TZU

Meditação

A jornada para conhecer o eu interior é a maior lição que um ser humano pode receber. O conhecimento da realidade suprema e dos princípios do Universo só pode ser encontrado ao iniciarmos essa passagem profunda. Você pode continuar no ciclo do sofrimento, buscando as respostas nos outros ou no mundo exterior, ou pode iniciar a tarefa vital da autodescoberta e da busca pela liberdade interior. Você deve descobrir a ilusão que habita o seu ser e entrar em harmonia com o âmago do seu coração. Essa é uma missão difícil, com muitos obstáculos, mas se você embarcar nessa viagem com sinceridade e determinação, a libertação estará à sua espera.

Aplicação na Vida Real

Torne-se íntimo da sua alma e se desapegue de todo o caos criado pelo seu ego. Comece a criar laços com a sua essência e se apaixone pela pessoa mais importante no Universo – *você*. Quando conhecer a si mesmo, conhecerá todo o Universo, pois você está intimamente ligado a tudo o que existe. A percepção da interligação é o que o livrará do seu sofrimento e lhe dará a paz.

Antes de terminar, deixo uma última meditação que resume a nossa capacidade de viver, com sucesso e iluminação, um dia de cada vez.

Cada momento da sua vida é infinitamente criativo
e o Universo é infinitamente generoso.
Apenas faça um pedido claro o suficiente,
e tudo o que o seu coração deseja lhe será concedido.

GANDHI

Meditação

Provavelmente você não percebe quanto é poderoso. Dentro do seu ser está a energia infinita do Universo. Você tem o potencial para manifestar os seus sonhos mais profundos e os desejos do seu coração. Essa capacidade enorme hiberna dentro do seu ser até que você se decida a fazer uso dela. Isso não o torna superior. Simplesmente o une à energia da criação que todos os seres humanos possuem mas que, infelizmente, raras vezes aplicam à própria vida. O Universo é você e você é o Universo. Alinhe-se e comunique-se diretamente com esse poder; assim, você se unirá com o amor e a harmonia que são o alicerce de toda a criação. Torne-se o ser humano que você foi feito para ser e deixe que a paz e o êxtase do Universo saturem cada partícula do seu ser. Seja o *você* que sempre esteve no seu coração. Isso está ao seu alcance. Então, decida-se e aproveite essa jornada extraordinária.

Obrigado por passar esse breve tempo comigo e permitir que a verdade absoluta que reside na minha alma permeasse o seu ser precioso.

Aplicação na Vida Real

A esta altura, pode ser que você já esteja aplicando os princípios contidos nestas páginas, que esteja lendo para encontrar felicidade ou conhecimento ou que esteja analisando o livro para depois voltar ao começo e iniciar a jornada de transformação aqui descrita. Sinceramente, espero que você tenha aplicado (ou vá aplicar) estes princípios sagrados à sua vida. Se você optar por não fazer isso, eu compreenderei, pois pode ser que a sua hora ainda não tenha chegado. Entretanto, compartilhe este livro com outros que talvez estejam prontos para abrir os olhos para essa sabedoria. Acima de tudo, espero que você tenha gostado da minha contribuição espiritual à humanidade. Aceite e honre cada passo na sua jornada e lembre-se sempre de existir no aqui e no agora, participando por completo e aproveitando a bem-aventurança de cada momento.

Os 12 Passos Segundo a Sabedoria Oriental

Primeiro Passo
Admitimos que estávamos presos à ilusão dos prazeres criados pelo ego e que nossa vida era cheia de sofrimento.

O primeiro passo permite que a pessoa admita e reconheça o que controlava a sua vida. É uma oportunidade para ela perceber o imenso domínio que o ego tem sobre a sua vida e o sofrimento que esse controle exigente causa. Essa percepção é necessária para iniciar o processo de desenvolvimento interior e de recuperação das exigências do ego.

Segundo Passo
Viemos a entender e a acreditar que a Consciência Universal, aquela força que permeia o cosmos e que reside no nosso ser, poderia nos devolver à nossa verdadeira natureza e eliminar o sofrimento.

Este passo nos permite aproveitar a força da coisa mais poderosa que existe – a consciência Universal. Essa fonte abre a possibilidade de uma ligação com o Eu Superior e com a natureza do universo. Isso recupera a capacidade da pessoa de ter pensamentos puros e agir da maneira certa para se livrar do sofrimento e do karma negativo.

Terceiro Passo
Decidimos nos desapegar do nosso ego insaciável e do mundo ilusório, nos unindo à consciência pura do Universo.

Este passo fala sobre a iniciativa de buscar o eu verdadeiro e se desapegar da ilusão do ego. Uma vez tomada essa decisão, começa a prática da meditação. Este é um passo crucial na nossa jornada, pois nos dá a esperança de que haja algo além do mundo limitado no qual vivemos.

Quarto Passo
Contemplamos e expressamos por escrito os desejos, medos, arrependimentos e apegos do nosso ego sem os julgar.

Este é um passo vital, que exige o pensamento meditativo e analítico sobre a natureza da nossa vida mundana sem julgar o passado. Começamos a perceber que aquelas ações eram parte da nossa ilusão sobre o que era a realidade e notamos que agora, por meio da meditação e da consciência, não precisamos mais agir dessa maneira.

Quinto Passo
Damos a nós mesmos permissão para tomar plena consciência dos nossos apegos egoístas e das nossas ilusões, com a mente aberta.

Este passo nos ajuda a avaliar as ações do passado e os apegos atuais do Quarto Passo e nos ajuda a reconhecer a verdadeira natureza da ilusão. Agora podemos esquecer o passado e viver no presente com plena consciência.

Sexto Passo

Estamos inteiramente prontos para deixar de lado as ilusões da mente e a nos entregar à Fonte Universal onipresente.

Este passo fala sobre deixar de lado as ilusões do passado e se comprometer a render-se e praticar os princípios da sabedoria oriental. É importante afirmar a nossa prontidão para a mudança e reconhecê-la dentro de nós mesmos e, do mesmo modo, no Universo à nossa volta.

Sétimo Passo

Contemplamos e reconhecemos as nossas limitações e, em vez de julgar ou condenar a nós mesmos, aceitamos e perdoamos esses dilemas criados pelo ego.

Este passo é crucial – é necessário aceitar que não somos nem o ego nem a mente. Podemos superar as nossas limitações e vir a conhecer o nosso verdadeiro eu, que é a perfeição da consciência pura.

Oitavo Passo

Passamos a nutrir, a praticar a compaixão e a oferecer o perdão tanto em relação a nós mesmos quanto àqueles que prejudicamos com as nossas ações passadas.

Este passo fala sobre atenuar os sentimentos de culpa e arrependimento do passado, e sobre o início do entendimento de que essas ações não definem o eu. Além disso, trata da capacidade de eliminar por meio de ações e pensamentos corretos o sofrimento causado pelo karma, isso no momento presente onde existe a realidade.

Nono Passo

Pedimos desculpas, com compaixão e sinceridade no coração, a nós mesmos e àqueles que prejudicamos direta ou indiretamente.

Neste passo, agimos para nos compensar ou compensar aqueles que prejudicamos no passado. Dando continuidade ao Oitavo Passo, ele faz com que o arrependimento e a culpa diminuam até serem totalmente eliminados, para que possamos entrar por completo no momento presente.

Décimo Passo

Continuamos a buscar a consciência do nosso eu verdadeiro e a praticar o pensamento e a ação corretos a cada momento da vida.

Este passo fala sobre a aquisição da consciência de nós mesmos todos os dias e representa um novo começo, em que passamos a viver completa e sinceramente em cada momento, em harmonia com a verdadeira natureza da realidade.

Décimo Primeiro Passo

Pela prática da consciência e da meditação, buscamos melhorar a nossa ligação com a Consciência Universal.

Este passo, que deve ser praticado diariamente, melhora a consciência e o desapego dos desejos do ego. Além disso, nos ajuda a perpetuar a recuperação e a manter a atenção na verdade luminosa do Universo.

Décimo Segundo Passo
Tendo nos unido à Fonte Universal, continuamos a praticar esses princípios em cada momento da vida, servindo como exemplo para aqueles que também buscam a paz e a tranquilidade que estes passos oferecem.

Este passo, por fim, fala sobre como dar continuidade aos outros passos na nossa existência de momento a momento e sobre como compartilhar esse modo de vida com as outras pessoas que habitam este mundo. Compartilhar essa sabedoria é o principal objetivo destes doze passos, coisa que, por sua vez, beneficia o indivíduo e o Universo como um todo.

Espero que, por meio da aplicação destes passos, pelo menos um ser humano possa descobrir a principial verdade do Universo e escapar do sofrimento dos desejos e das exigências do ego.

Sugestões de Leitura para Exploração Adicional

Dass, Ram (1978) *Be Here Now*. San Cristobal, NM: Hanuman Foundation.

Dass, Ram (1990) *Journey of Awakening: A Meditator's Guidebook* (Edição Revista). Nova York, NY: Bantam Books.

Hanh, T. N. (1999) *The Miracle of Mindfulness*. Boston, MA: Beacon Press.

Hanh, T. N. (2002) *No Death, No Fear: Comforting Wisdom for Life*. Nova York, NY: Riverhead Books.

Hesse, H. *Sidarta* (muitas edições e traduções disponíveis).

Hochwender, W., Martin, G. e Morino, T. (2001) *The Buddha in Your Mirror: Practical Buddhism and the Search for Self*. Santa Monica, CA: Middleway Press.

Levey, J. e Levey, M. (1999) *Simple Meditation and Relaxation*. Berkeley, CA: Conari Press.

Levine, S. e Levine, O. (1982) *Who Dies?: An Investigation of Conscious Living and Conscious Dying*. Nova York, NY: Anchor Books.

Levine, Stephen (1979) *A Gradual Awakening*. Nova York, NY: Anchor Books.

Shearer, A. (1982) *The Yoga Sutras of Patanjali*. Nova York, NY: Bell Tower.

Sua Santidade, o Dalai Lama (1994) *The Way to Freedom: Core Teachings of Tibetan Buddhism*. Nova York, NY: Harper San Francisco.

The Bhagavad Gita (muitas edições e traduções disponíveis).

The Dhammapada (muitas edições e traduções disponíveis).

Trungpa, C. (1973) *Cutting Through Spiritual Materialism*. Boulder, CO: Shambhala Publications. [*Além do Materialismo Espiritual*, publicado pela Editora Cultrix, São Paulo, 1987.]

Tzu, Lao. *Tao Te Ching* (muitas edições e traduções disponíveis). [*Tao-Te King*, publicado pela Editora Pensamento, São Paulo, 1987.]

PRÓXIMOS LANÇAMENTOS

Para receber informações sobre os lançamentos da
Editora Pensamento, basta cadastrar-se
no site: www.editorapensamento.com.br

Para enviar seus comentários sobre este livro,
visite o site www.editorapensamento.com.br ou mande
um e-mail para atendimento@editorapensamento.com.br